『西洋镜』里的中国与妇女

文明的性别标准和晚清女权论述

宋少鹏 著

社会科学文献出版社

SOCIAL SCIENCES ACADEMIC PRESS (CHINA)

目　录

绪　论

女子者，国民之母也。欲新中国必新女子，欲强中国必强女子，欲文明中国，必先文明我女子，欲普救中国必先普救我女子，无可疑也。

女子者，文明之母也。

——金天翮，《女子世界》发刊词，1904 年 1 月 17 日

西谚曰："女子者，生产文明者也。"又曰："女子者，社会之母也。"故女子为社会中最要之人，亦责任至重之人也。

——何香凝，《敬告我同胞姊妹》，《江苏》1903 年 6 月

"国民之母"的提法，中国学界非常熟悉，但似乎没有注意"文明之母"的提法。近代中国的女权论述从其滥觞就在国族主义框架之内，这在很大程度上规导了中国百年的女权论述及其实践，所以，近代妇女史一直关注女权与国族之间的关系。把现代

民族国家视为理所当然的起点，在国族框架内探究中国女权思想和实践的特色，不仅未探究女权与国族之所以勾连的历史语境及其复杂的理论转换，而且有意无意地忽略了国族框架外的女权论述。因此，这方面的研究对很多问题仍未给出很好的解释。比如，为什么女权论述会成为国家论述中的内在一环？为什么"欲新中国必新女子，欲强中国必强女子"？为什么近代中国在寻求建立现代民族国家的同时，会产生"兴女权"的要求？为什么当时自认"先进"的男子愿意讨论女权？女权被国族主义吸纳是普遍现象抑或只是中国特色？中国的女权观念是西学东渐的一个结果，从时间上看，欧洲文明观在中国的传播、近代民族国家的诉求、女权思潮的出现几乎是同步的，这种同步是偶合还是有内在关联？欧洲意义上的"文明"——作为有别于文教昌明之古典含义——在近代为什么与"女权"一起出现呢？在晚清时人的观念中，"文明"所指什么？"女权"又所指什么？为什么强中国必须文明中国？为什么"国民之母"同时又是"文明之母"？中国女权的思想与欧美文明观有什么样的谱系渊源？

本书聚焦于中国女权思潮和实践的缘起阶段，在全球史的视野中，把晚清中国的女权论述和实践放置在西方文明论在近代中国传播、转化的大理论图景中，尝试着来回答这些问题。全书分四个部分。

第一部分，探究欧美文明论中的性别标准以及成为标准的原因。19 世纪中期，妇女地位作为衡量社会文明程度标尺的观念在欧洲确立，并进入教科书，成为普通民众的普遍观念。

第二部分，考察欧洲文明论的性别标准在晚清如何传入中国，如何经历在中国语境下的转化，以及对中国社会、中国妇女产生了什么影响？在文明的性别标准下，缠足被视为野蛮旧俗，应该被废除。出于构建国民—国家和资本主义工商业的政治、经济的要求，国家不仅需要征用女性的生育力和劳动力，而且需要对女性的身心进行现代化的重置。对未来国家和未来社会的想象也重构了中国妇女安"身"立"命"的传统意义，女性"无才是德"（不学无术）、"分利之人"（无用之人）的刻板形象被逐渐建构起来。同时，女权被视为迈进文明新时代的关键。

第三部分，考察马君武译介的斯宾塞和约翰·穆勒的女权论述，通过与母本的对照，展示译本如何通过遮蔽和转换，维护西方的文明榜样，再塑男性的优越地位。在文明阶序中处于"半文明"的中国，把学习西方和译介西学视为强国的一种手段。这时，西方女权学说也作为强国工具输入中国。但是，斯宾塞和约翰·穆勒著书立说是为了本国社会，是写给本国（男）人看的，他们按照文明的性别标准为女权辩护时，批评西方社会对待女性的法律制度是野蛮习俗的残留。也就是说，从斯宾塞和穆勒的原著无法得出西方是文明社会榜样的结论，而且两者都是在性别关系上讨论女性相对于男性的权利平等。那么，马君武的译文是如何维护西方的文明形象，同时让女权服务于国族建构的任务，使同等自由转化成义务平等？这种遮蔽和转化在理论和逻辑上是怎么实现的？

第四部分，聚焦晚清女性论者的女权论述，探讨女性是如何回应由男性开辟的女权论述的。对待西式文明论的不同态度，女性论者的女权论述分成两支脉络。①接受西式文明图景的女性论者延续着由男性开辟的将女权与国族捆绑前行的路径，在国族框架内展开女权论述，但在与男性相似的话语中仍能辨识出有别于男性论者的异音。②最具颠覆性的女权论述是何殷震（又称何震）在无政府主义框架下的"女界革命"的论述。这种论述彻底拒绝现代文明蓝图以及此种文明图景下的女权方案，同时在无政府主义阵营里坚持彻底的"男女革命"的女权路线，拉开了与男性无政府主义者之间的距离，开创了极具原创性的无政府主义的另类女权论述。

第一章　欧美文明论中的性别标准

一　文明的标准

"civilization"一词 18 世纪后半叶才进入英语字典，18 世纪末期 19 世纪初期，才成为英文世界中普遍使用的词，并具有了现代含义。"civilization"既指状态，又指过程，表意是与"savagery"（野蛮）、"barbarism"（蒙昧）对立的状态或社会秩序，又指从野蛮、蒙昧进化到文明的历史进程。这个词背后蕴含着相信理性的启蒙主义精神以及相信人类发展的进步主义历史观。[①] 伴随欧洲殖民主义扩张，文明论被用来衡量全球版图上不同地区或人群的发展状态和发展程度。于是，进化史观所支持的人类发展的历史阶段转化成同一时间里处在不同空间的人群/社会的发展等级，

[①] 〔英〕雷蒙·威廉斯：《关键词：文化与社会的词汇》，刘建基译，生活·读书·新知三联书店，2005，第 47～50 页。

解说：这幅图被 Samuel Augustus Mitchell 用作 *Mitchell's School Geography* 的封面和扉页。这幅图的名称是 "*Stages of Society*"，展现了社会发展的四个历史阶段。从服饰中可辨识出处于"半文明"（half-civilized）阶段的人群是中东地区的民族，处于"文明开化"（civilized and enlightened）阶段的人群应属于欧洲民族。于是，空间转化成时间，不同民族处于文明的不同阶段，欧洲处于文明的最高等级。

这幅图也清晰呈现了文明的经济标准，不同的生计方式具有不同的等级，也呈现了文明的"性别标准"。Savage（野蛮）阶段的女子在田间"像奴隶一样劳作"；半文明阶段的女子蒙着面纱，是男子之玩物；文明开化阶段的男子待女子为"同伴"，女子受到礼遇和尊重（参见本书第一章和第二章）。

时间序列置换成了空间等级。① 19 世纪 20 年代，伴随地理学、政治经济学等现代知识的传播，特别是地理教科书，把地球上的不同国家或人群按某些标准分类②和排序的方法，从一种理论形

---

① 比如 Samuel Augustus Mitchell 出版于 1845 年的 *A System of Modern Geography*, *Comprising a Description of the Present State of the World*，书的封面是一个圆形的平面地球，四个角落分别标识着"barbarous"、"savage"、"half-civilized"和"civilized and enlightened"四种社会阶段（stages of society）。正如书名副标题所宣称的，本书描述的是当下世界。参见 Samuel Augustus Mitchell, *A System of Modern Geography*, *Comprising a Description of the Present State of the World*（Philadelphia：Thomas, Cowperthwait & Co., 1845）。

② 文明等级论的知识生产背后存在认识论和方法论的问题。19 世纪 20 年代，比较（comparison）和分类（classification）开始成为一种认识知识和认知世界的科学的新方法，至今仍是现代学术中的一种主流的认知和分析模式，如形形色色的比较学。分类与比较背后必然存在比较标准，暗含优劣之分，在普遍性标准下裁剪掉体现特殊性的细节。威廉·伍德布里奇（William C. Woodbridge）是最早在地理教科书中运用比较和分类原则的作者，他写于 1820 年的 *Rudiments of Geography*, *on a New Plan*（《地理学入门》）是非常畅销和受欢迎的中学地理教科书。到 1838 年，该书发行第 19 版，总印数 30 万册。该书第三版的序言（笔者所见是收录在 1825 年的第五版）中，作者曾特别向本教材的使用者——中学老师阐释和介绍比较和分类的方法对于掌握地理知识的重要性。他认为通过比较同一类事实，然后分类，再缩简为一般性原则，是一种简易、好用的现代科学方法。拥有了这种方法就不需要被迫学习所有的知识，因为某一论断或一般性原则已涵括了千万种特殊性。在遇到无法获得其他更多信息渠道的众多案例时，根据一般性原则也能做出正确的判断。此书的副标题"*Design to Assist the Memory by Comparison and Classification*"已表明这本书是用比较和分类的方法来帮助记忆知识。1838 年版的序言中再次称比较和分类是"容易地掌握并永久记住事实的最好的办法"，并认为此前的地理教学对国家的分类是随意和变化的。1844 年，伍德布里奇出版了另一本中学地理教科书，*Modern School Geography*：*On the Plan of Comparison and Classification*。该书序言称（转下页注）

态转化为普通民众的日常观念，甚至是常识①，又伴随殖民扩张流传至世界各地。文明等级有三级、四级、五级三种分类模式：四级模式包括"the savage"、"the barbarous"、"the half-civilized"和"the civilized"，三级文明模式是在四级模式中减去"the half-civilized"，五级文明模式是在四级之后再加上"the enlightened"一级。②

关于文明的标准，尽管每个作者所持的度量标尺略有差异，但万变不离其宗。文明等级论相信人类历史是从野蛮进化到文明的过程，而当前世界中不同的人群社会处于人类发展的不同历史阶段，因而在同一个历史时间里就存在等级优劣。欧洲国家处于人类发展的最高阶段，文明程度高于地球上的其他地区和国家。教科书最大的功能是为普通民众提供了简明易懂的认知标准，用来自我认知和认识其他国家及人民。以美国的威廉·伍德布里奇

（接上页注②）25年前学校的地理教育不懂运用分类和比较方法。*Rudiments of Geography* 被称赞为第一本展示这种方法的书，并得到了教师们的赞许和运用。这本书的广泛流通说明这种方法的影响力，以及对后世民众思维的潜在影响。这种方法也被后来其他的写作者大量模仿（Woodbridge，1825；1838；1844）。

① 比如，塞缪尔·米切尔（Samuel Augustus Mitchel）所撰写的《现代地理体系》（*A System of Modern Geography Comprising a Description of the World*）根据人们的生活习惯和进步状况，把全球社会分成五个等级。1840年版本的书名主标题是"*Mitchell's Geographical Reader*"，封面赫然印着"Designed for Instruction in Schools and Families"，表明此书预想的读者是学校里的学生和家庭中的普通民众。1845年的版本书名已改为"*Mitchell's School Geography*"，定位为教材。

② 参见郭双林《西方文明等级论在近代中国的传播——一项以地理教科书为中心的考察》；梁展《政治地理学、人种学与大同世界的构想——兼论康有为〈大同书〉的文明论知识谱系》，清华大学—哥伦比亚大学跨语际文化研究中心举办的"全球史视野下的文明论谱系"会议论文，北京，2013年8月。

（William C. Woodbridge）和塞缪尔·米切尔（Samuel Augustus Mitchell）的两本地理教科书为例，两人都把地球上的人群分为五种形态。伍德布里奇依据"人们的知识、机械工艺（诸如建筑、纺织、冶炼等）和他们的行为方式、风俗习惯"来衡量社会状态的等级。① 米切尔根据"知识、学习和教养以及机械工艺上的实质进步"来划分社会的文明程度。② 两本书出版时间虽相差十几年，除了表述上的细微差异，内容没有实质性区别。时间上的延续性只是佐证了伍德布里奇所言，按分类和比较的方法理解地球上的国家和人群的观念已被广为接受。③ 两位作者都深受亚当·斯密以来政治经济学的影响，以不同的生产方式和政治组织形式作为区分文明阶段的核心标准。野蛮人靠渔猎和抢劫维持生计，只会利用地球上的天然物产，衣兽皮，住简陋棚屋，几乎没有农耕和工艺知识。蒙昧人的生计依靠农业、放牧牛羊，有一些工艺知识。半文明民族懂得农业，有极少量对外贸易，但嫉妒陌生人（意味着封闭和不开放）。文明国家和完全开化国家人民的生计依靠农业、制造业和商业。在政治法律方面，野蛮人没有领土观念，没有法律，不会读写，没有正式的政府形式，极少以城镇或村庄的形式定居。蒙昧民族聚居于村庄，已有一些常规的政府形式和宗教形式，稍会读

① William Channing Woodbridge, *Rudiments of Geography*, *on a New Plan* (Hartford：Published by John Beach, 1838, Nineteenth Edition), p. 48. 初版于 1820 年。

② Samuel Augustus Mitchell, *A System of Modern Geography Comprising a Description of the Present State of the World* (Philadelphia：Thomas, Cowperthwait, & Co. 1845), p. 42.

③ William Channing Woodbridge, *Modern School Geography：On the Plan of Comparison and Classification* (Hartford, Belenap and Hamersley, 1844).

写。半文明民族有许多精美的艺术，有一些书籍，掌握一些知识，已建立起法律和宗教，但政体形式仍是贵族政体或君主政体。在文明国家（the civilized）中，科学和艺术已得到很好的理解，而完全开化国家（the enlightened）的技术和科学已达到完美程度。在完全开化国家中，自由政府的原则被很好地理解。文明国家与完全开化国家的主要区别不在于政治经济体制的差异，而在人民的教化程度。文明国家的民众仍多无知和迷信，上层阶级与下层阶级差别很大，而完全开化国家比其他任何文明层级的国家都更重视教育，做到了普及教育。①

出版于 1822 年的英国的《爱登堡地名辞典》（*The Edinburgh Gazetteer，Or Geographical Dictionary*）② 把地球上的人群按教化程度分成四种形态，与前两位作者分类的差别在于它把 "the civilized" 和 "the enlightened" 合为一类。这本地理辞典的编撰者没有明确说明自己的分类标准，但基本上也是按照政治经济标准来划分，看来这个标准已然成为共识。英美论者按政治经济标准来度量文明程度，更深层次的理念方面的原因与其对于文明是一种 "有组织性的社会生活状态" 的理解密切相关。分散的个人化的生产生活方式被视为野蛮人的生活方式，而合作和组织化——商业、工业、政府、宗教、国家都是以合作和组织化为基础——是文明社会与野蛮社会的区别。③西方文明论观念传入中国，社会生活的组织化也成为文明中国的

---

① Samuel Augustus Mitchell, *A System of Modern Geography Comprising a Description of the Present State of the World* (Philadelphia：Thomas, Cowperthwait, & Co.，1845)，p. 43.

② *The Edinburgh Gazetteer, or Geographical Dictionary* (Edinburgh：Archibald Constable and Co.，1822)，Vol. 1, "Introduction".

③ John Stuart Mill, *Civilization* (1836) (Kessinger Publishing, 2010).

一个实际追求。正是以西式的国家与社会模式作为文明标准，以现代民族国家作为强国手段，才引发了中国人对"如一盘散沙"的国民性的批评。① 对合群、公德、民权、实业的吁呼，以及作为

---

①　1902 年，梁启超在论《新民说·论自治》中拿英国人与其他民族做对比，解释英国人统治其他民族的原因，就是"文明的英人自治合群"，而他国人"浑然如一盘散沙，受辖治于英人矣"。合群成为文明的象征，也是文明的要求。梁启超用"一盘散沙"批评未开化民族没有国家观念和团体精神。孙中山在《民权初步·序》（1917）中质问："中国四万万之众等于一盘散沙，此岂天生而然耶？"1924 年孙中山在《三民主义》的讲演稿中，在第一讲《民族主义》中首先明言把中国人看作"一片散沙"的视角来自中国之外："外国旁观的人说中国人是一片散沙。"可见，孙中山也是接受来自西方的这种批评，并以此为标准，批评中国人只有家族和宗族认同，没有民族意识和国家意识。这里，宗族与宗族认同是民族和国家认同的障碍，是"散沙"的标识，而非"合群"的标志。家族和宗族虽然是"合群"的一种方式，但被指责为"一盘散沙"，说明"合群"的组织原则发生了质的变化。"三民主义就是救国主义……民族主义就是国族主义。""鉴于古今民族生存的道理，要救中国，想中国民族永远存在，必要提倡民族主义。……中国的人只有家族和宗教的团体，没有民族的精神，所以虽有四万万人结合成一个中国，实在是一片散沙，弄到今日是世界上最贫弱的国家，处国际中最低下的地位。人为刀俎，我为鱼肉，我们的地位在此时最为危险。如果再不留心提倡民族主义，结合四万万人成一个坚固的民族，中国便有亡国灭种之忧。我们要挽救这种危亡，便要提倡民族主义，用民族精神来救国。"1938 年，中日战争期间，面对外敌入侵，蒋廷黻写就《中国近代史大纲》，在总论中痛批中国人"一盘散沙"，毫无国家意识和民族意识。"在列强争雄的生活中，西洋人养成了热烈的爱国心，深刻的民族观念。我们则死守着家族观念和家乡观念。所以在十九世纪初年，西洋的国家虽小，然团结有如铁石之固；我们的国家虽大，然如一盘散沙，毫无力量。总而言之，到了十九世纪，西方的世界已经具备了所谓近代文化，而东方的世界则仍滞留于中古，我们是落伍了。"无疑，这种批评潜在对照的标准还是西方国家。

　　"散沙论"几乎成了对中国国民性的一种"真实"论断，而"散沙论"出现的时代背景和理论基础已被逐渐忘却。建构"散沙论"　（转下页注）

实践的结社办刊，实质上都是中国人对这种西式文明观的积极回
应和实践。

二 文明的性别标准

在文明标准中，对待女性的方式是衡量社会开化和文明程度
的一个内在标准。比如，伍德布里奇和米切尔都认为：野蛮、蒙
昧民族和半文明国家待女人如奴隶。伍德布里奇还特别强调了野
蛮和蒙昧民族迫使女人像奴隶一样劳作。文明国家和完全开化国
家对待女性如同伴①，妇女受到礼遇和尊重。② 把男性对待女性
的方式作为衡量社会教养和文明程度的标准，并不是伍德布里奇
和米切尔个人的奇思妙想或学术创见，而是他们把 19 世纪中期
颇有影响力并流传甚广的一种学术观念运用到地理教科书中。约
翰·穆勒（John S. Mill）在写于 1869 年的名著《妇女的屈从地
位》（*The Subjection of Women*）中透露，当时的"历史学家和哲
学家已率先采纳以妇女地位的提高或贬低作为从整体上说对一个
民族或一个时代的文明的最可靠的检验和最正确的尺度"，并且

（接上页注①）的政治经济背景是中国身处资本主义全球扩张过程中以国家为
　　单位竞争的时代，中国被迫从一个家国同构的天下秩序向民族国家的国际秩
　　序痛苦转型，为顺应"时势"，也为了抵抗列强，先进知识分子被迫以殖民
　　者的国际秩序和文明蓝图重构本国。对国家意识和民族精神的呼唤就是这种
　　回应。而"散沙论"的知识背景正是西方的文明等级和文明标准。

① William Channing Woodbridge, *Rudiments of Geography*, on *A New Plan*
　　(Hartford：Published by John Beach, 1838, Nineteenth Edition), p. 49.

② Samuel Augustus Mitchell, *A System of Modern Geography Comprising a Description*
　　of the Present State of the World (Philadelphia：Thomas, Cowperthwait, &
　　Co. 1845), p. 43.

认为"经验的确说明，改进的每一步都是那么确定地与提高妇女的社会地位同步的"。①

以妇女的解放程度作为衡量社会普遍解放的尺度，同样是马克思和恩格斯在不同文章中不断强调的观点。这一观点曾经被中国人——不仅仅是知识分子——所熟知，至今仍是中国的妇女研究中引用率很高的观点。值得注意的是，马克思、恩格斯发表这些论述的时间也是在 19 世纪中后期，正是欧洲文明论的性别标准确立和传播的时期。马克思在《1844 年经济学哲学手稿》中清晰地表达了这样的观点："拿妇女当作淫乐的牺牲品和婢女来对待，这表现了人在对待自身方面的无限的退化，因为这种关系的秘密在男人对妇女的关系上，以及在对直接的、自然的、类的关系的理解方式上。""从这种关系就可以判断人的整个教养程度。"② 1845 年，马克思、恩格斯合著的《神圣家族》重申了相似的观点："某一历史时代的发展总是可以由妇女走向自由的程度来确定，因为在女人和男人，女性和男性的关系中，最鲜明不过地表现出人性对兽性的胜利。妇女解放的程度是衡量普遍解放的天然标准。"③ 1868 年，马克思在《致路·库格曼》中又表达了类似的观点，称："社会的进步可以用女性（丑的也包括在内）的社会地位来精确地衡量。"④

---

① 〔英〕约翰·斯图尔特·穆勒：《妇女的屈从地位》（1869），汪溪译，商务印书馆，1995，第 273 页。

② 〔德〕马克思：《1844 年经济学哲学手稿》，《马克思恩格斯文集》第 1 卷，人民出版社，2009，第 184 页。

③ 〔德〕马克思、恩格斯：《神圣家族》，《马克思恩格斯全集》第 2 卷，人民出版社，1995，第 249~250 页。

④ 〔德〕马克思：《致路·库格曼》，《马克思恩格斯文集》第 10 卷，人民出版社，2009，第 299 页。

1876 年，恩格斯在《反杜林论》中称："在任何社会中，妇女的解放程度是衡量普遍解放的天然尺度。"[①] 1880 年，恩格斯在《社会主义从空想到科学的发展》中几乎原封不动地摘录了自己在《反杜林论》中的原话。当然，众所周知，马克思和恩格斯在运用这个观点时是以引用的方式，把观点的所有权归于法国的空想社会主义理论家傅立叶（Charles Fourier, 1772 - 1837），称他"第一个表述了这样的思想"，并注明这一观点来自于傅立叶发表于 1808 年的著作《关于四种运动和普遍命运的理论》。恩格斯在《反杜林论》中用注释的方式详细陈述了傅立叶的观点："某一时代的社会进步和变迁是同妇女走向自由的程度相适应的，而社会秩序的衰落是同妇女自由减少的程度相适应的。""妇女权利的扩大是一切社会进步的基本原则。"[②]

宽泛地讲，马克思、恩格斯[③]和傅立叶都是文明论者，他们

---

① 〔德〕恩格斯：《反杜林论》，《马克思恩格斯文集》，第 9 卷，人民出版社，2009，第 276 页。

② 〔德〕恩格斯：《反杜林论》，《马克思恩格斯文集》，第 9 卷，人民出版社，2009，第 112 注释，第 589 页。

③ 恩格斯写于 1884 年的《家庭、私有制和国家的起源》（*The Origin of the Family, Private Property and the State*）是为了实现马克思的遗愿，用唯物主义的历史研究来阐述美国人类学家摩尔根（Lewis H. Morgan）的研究成果。这个研究成果就是摩尔根的名著《古代社会》（*Ancient Society*，最早出版于 1877 年）。摩尔根和马克思、恩格斯的工作依据的都是 19 世纪人类学家对"原始社会"的发现成果。摩尔根搭建起人类社会发展的序列：野蛮阶段、蒙昧阶段及文明社会。前两个阶段又分成初期、中期和晚期三个时期，每一期的社会状态又可相应地区分为低级、中级与高级。每一个阶段体现为不同的生产生活方式，并由地球上不同的群体来呈现。组织这种人类历史进化阶梯的理论框架的实质就是文明等级论。

都相信历史进步，相信人类历史必然要经历从野蛮时期、蒙昧时期到文明时期的历史进程。只是他们批评当时欧洲主流文明论者所讴歌的资本主义文明的不文明，设想一种能超越资本主义文明的更高文明形态。如其他文明论者一样，他们运用了"妇女地位"这一衡量标尺，通过剖析妇女在资本主义社会中的地位和资产阶级两性关系中对女性的压迫，揭示资产阶级文明的野蛮特性。马克思、恩格斯在《神圣家族》《反杜林论》中以赞赏的口气引用傅立叶的话："侮辱女性既是文明的本质特征，也是野蛮的本质特征，区别只在于野蛮以简单的形式所犯下的罪恶，文明都赋之以复杂的、暧昧的、两面性的、伪善的存在形式。"① 此处"文明"讥讽资本主义社会/资本主义时代的文明实质是野蛮。

马克思、恩格斯的论述与傅立叶的论述稍有差异。第一，傅立叶的"某一时代"被恩格斯替换成了"任何社会"。事实上，1845 年马克思、恩格斯合著的《神圣家族》仍是在"某一历史时代"这一纵向的时间向度上使用性别标准，之后的论述都置换成"社会"这一横向的空间概念。时间和空间的任意转换是由社会进化史观支撑的文明论的一个鲜明特色。第二，傅立叶把"妇女权利的扩大"作为推动社会进步的原因，而马克思和恩格斯把妇女的解放程度作为社会解放的结果。有研究者认为这种因果倒置是马克思、恩格斯误读了傅立叶，是对傅立叶的随意解释。②

---

① 〔德〕马克思、恩格斯：《神圣家族》，《马克思恩格斯全集》第 2 卷，人民出版社，1995，第 250 页。《反杜林论》与《神圣家庭》表述稍有差异，但都用引文的方式。

② 〔美〕莉丝·沃尔格：《马克思主义与女性受压迫：趋向统一的理论》（1987），虞晖译，高等教育出版社，2009，第 42、74、183 页。

但我更愿意理解成是 19 世纪中期的流行观念对马克思、恩格斯思想的渗透，或者说是马克思、恩格斯接纳了当时欧美流行的文明的性别标准，并以此来批评资本主义历史阶段/资本主义社会的文明的虚伪。

那么，为什么欧美文明论要把如何对待妇女列为文明的标准呢？伍德布里奇在 *Modern School Geography*（1844）一书的"Civilization"章中的第 643 条（即该章首条）陈述了文明的内涵。他认为文明由两部分组成，一部分是知识和艺术，一部分是人与人相互对待的公平与仁慈（Justice and kindness）。第 646 条再次使用了他在 *Rudiments of Geography*（1820）一书中的性别标准，称野蛮和蒙昧民族迫使妇女像奴隶一样劳作。① 同时，他从基督教信仰的角度，认为一个社会只有拥有了"真正的宗教"才能处于更好的社会状态，以正义和仁慈的方式对待所有人，尽管目前地球上这样的国家还很少。从上下文来看，伍德布里奇认为只有基督教才能教化世界上其他国家的人们，提升文明程度，解救妇女。这一观念被在全球各地传播福音的传教士们接受并践行。撇开宗教观，伍德布里奇在教科书中阐释的文明观其实由两部分组成：一部分是人与物的关系，一部分是人与人的关系。也就是说，文明论中政治、经济、社会、文化一揽子标准可分为两部分：人与物的关系和人与人的关系。文明论的"知识"标准的实质就是人与物的关系。机械工艺水平、生产方式，都是人征

---

① William Channing Woodbridge, *Modern School Geography: On the Plan of Comparison and Classification*（Hartford, Belenap and Hamersley, 1844）, pp. 156 – 157.

服自然的能力。男女关系是"人与人关系"中的重要部分，自然也不能被信奉启蒙思想的文明论者忽视。

自启蒙运动以来，强制和暴力的奴役变得不合法了，专制性的君臣关系、主奴关系被否定，所以，穆勒才可以据此宣布："妇女的社会的从属性就这样成了现代社会制度上的一个孤立的事实，成了唯一违反基本法律的事实，它也是在各方面即在思想和实际方面均已被推翻的旧世界……留下的唯一遗迹。"① 简言之，正是从"人与自然的关系"以及"人与人的关系"出发来理解何为"人"和"人类"的启蒙思想，促使文明论者把男女之间的平等关系看作评估社会进步程度的标准之一。马克思在《1844 年经济学哲学手稿》中清晰阐释了他为什么把"男人对妇女的关系"作为判断"人的整个教养程度"的标准。因为马克思认为两性关系同时体现了"人与自然的关系"以及"人与人之间的关系"。通过考察两性关系，可以判断人之所以为"人"，以及人作为"类存在物"和"社会存在物"的状态，而这个状态的文明程度就是整个人类或是某个社会的文明程度，所以，两性关系是判断整个社会文明程度的"天然标准"或"天然尺度"。尽管马克思把男女之间的关系首先视为自然的关系，遭到后世一些女权主义者的批评；② 但是，从马克思的逻辑出发，承载"人与自然的关系"与"人与人之间的关系"的两性关系无疑是判断一个社会文明程度的最佳观测点。

---

① 〔英〕约翰·斯图尔特·穆勒：《妇女的屈从地位》（1869），第 272 页。

② Catharine A. MacKinnon, *Toward A Feminist Theory of the State* (Cambridge, Mass: Harvard University Press, 1989), pp. 13 – 36. 中文版：《迈向女权主义的国家理论》，由广娣译，中国政法大学出版社，2007。

对于欧美文明论性别标准的精确表述，相对于"同伴"这样隐晦和抽象的表达，马克思、恩格斯在《神圣家族》中关于"男性对妇女的态度"的表述更为坦白和直接，使该标准中的男性主位和男性中心主义倾向一目了然。这一性别标准要求（男性）礼遇妇女和尊重妇女，待妇女为"同伴"。但是，这种礼遇未脱离把妻子视为"家中天使"的维多利亚时代的性别观念和性别习俗：丈夫仍是一家之主，结婚后妻子与丈夫的权利合二为一，妻子没有独立的法律权利和财产权利，服从丈夫，服务于家庭。

约翰·穆勒是当时极少数挑战维多利亚时期女性观念的人，他试图挑战女性屈从于男性的法律制度安排，支持女性与男性在法律上的完全平等。穆勒是文明论者，在写作《妇女的屈从地位》（1869）之前，发表了 *Civilization*（1836）一文。他把文明视为"人类进步"（human improvement）的同义词，或是各种特定的改善和提升（kinds of improvement in particular）。穆勒也认为欧洲，特别是英国，是当时世界上最高文明的代表。从某种意义上说，他著名的女权论述《妇女的屈从地位》是在文明论框架下，从人类文明和历史进步出发，论证女性拥有与男性同等权利的正当性。穆勒认为"一个性别法定地从属于另一性别——其本身是错误的，而且现在成了人类进步的主要障碍之一"。女性的屈从地位是"男性坚守得最久的野蛮习性"。① 穆勒反对以情感上的习惯作为辩护某种习俗（如女性屈从于男性的习俗）存在的正当性理由，而是要依据理性，从"历史的进程和人类社会

---

① 〔英〕约翰·斯图尔特·穆勒：《妇女的屈从地位》（1869），第256页。

进步的趋势……强烈地反对的……这个过去的遗迹同未来是不调和的，必然是要消灭的"。① 他写作《妇女的屈从地位》的主要目的就是说服文明社会里的男人改变既存的让女性屈从于男性的社会规范，以"完全平等的原则"② 作为新的社会原则。但是，即使像穆勒这样挑战维多利亚时代性别观念的女性权利辩护者也没有质疑妇女在家庭中的传统职责以及两性既存的性别分工。穆勒认为挣钱的能力对于没有独立财产的女性维护尊严非常重要，但是他同时认为："当一个家庭并非靠财产而是靠赚得钱维持生活时，通常的安排是男人挣钱妻子管理家庭开支，据我看来，一般地这是两人之间最合适的分工。"③ 穆勒认为照料孩子与做家务是女子的天然责任，已婚女性外出工作会加重女性的义务，同时也是男人滥用权力的表现，因为迫使女子出外工作以负担家庭开支是推卸男人的责任。穆勒认为只要婚姻真正建立在平等的契约关系之上，女子可以在公正条件下离婚这些制度性前提存在的话，妻子用劳动所得增加家庭收入是不可取的。由此可见，作为自由主义者的穆勒所支持的男女平等也只是法律上抽象的权利平等，包括在就业权、参政权上的平等，但在现实生活中，穆勒仍认同并希望保持传统的性别分工。

尽管 18 世纪中后期，穆勒还在为女性权利辩护，西方社会支持女性权利的文明形象已通过西方传教士、中国维新人士

---

① 〔英〕约翰·斯图尔特·穆勒：《妇女的屈从地位》（1869），第 269 页。

② 〔英〕约翰·斯图尔特·穆勒：《妇女的屈从地位》（1869），第 255 页。

③ 〔英〕约翰·斯图尔特·穆勒：《妇女的屈从地位》（1869），第 299 页。

对文明的性别标准的传播，马君武对穆勒女权论述的译介，在清末进入中国。西方成为维新人士心目中文明社会的榜样、心仪的模仿对象。在性别标准的衡量下，旧式传统妇女成为"问题"，成为病国、弱国的原因，倡导女权、培养新女性成为维新人士拯救中国的方法。

第二章　文明的性别标准在中国：
废缠足与兴女学

一　性别标准初入中国：传教士谨慎传播

19 世纪中期，欧洲的文明论，包括中国在文明等级中的定位，主要通过两个渠道传入晚清中国：一个渠道是通过西方传教士、维新知识分子①对西方文明论的译介；另一个渠道是西方文

---

① 1839 年林则徐在组织人员翻译《四洲志》时，只选译了其中介绍各国地理状况的内容，对有关文明等级的文字，未予翻译。有研究者认为，首次将文明等级论比较明确而系统地介绍到中国来的人，可能是生于澳门的葡萄牙人玛吉士（José Martinho Marques，1810～1867）。1847 年玛吉士在所编的《外国地理备考》卷四《地球总论》中介绍世界各地人种分布情况，并把万国之人分成上、中、下三等。不过玛吉士没有具体指明哪些国家的人属于上等，哪些国家的人属于中等，哪些国家的人属于下等。这篇《地球总论》后来被魏源收入《海国图志》100 卷本，随之得到广泛流传。1877 年王锡祺在编辑《小方壶斋舆地丛钞》初编本时也将这篇《地球总论》收入该丛书第一辑。100 卷本《海国图志》出版于道光二十八年，即 1848 年。（参见郭双林《西方文明等级论在近代中国的传播——一项以地理教科书为中心的考察》、梁展《政治地理学、人种学与大同世界的构想》，"全球史视野下的文明论谱系"会议论文，（转下页注）

明论借由日本学术思想进入中国，主要是中国维新知识分子对于东洋学术的译介。游走于中西方的人士，比如中国的外交官，也成为西方文明论的传播者。①

传教士是传播近代文明论的一个主要人群，传教这一行为本身就受文明等级论的支持。传教士所创办的学校、报纸以及编译的教材是传播和观念化文明论的重要媒介。1856 年，香港英华书院的英国传教士理雅各（James Legge，1815 – 1897）翻译出版了英国人查尔斯·贝克（Charles Baker）的 *The Teacher's Handbook to the Circle of Knowledge*（《智环启蒙塾课初步》，英文第一版出版于 1847 年）。正如这本书的中文书名《智环启蒙塾课初步》所示，这本书是幼童的启蒙读物，全书英汉对照。1864 年该书第二次修订出版。② 书中第 154～157 课，列举了"国之野劣者"、"国之野游者"、"国之被教化而未全者"和"国之被教化而颇全者"，分别对应英文"savage nation"、"barbarous nation"、"half-civilized nation"和"civilized nation"。不管贝克的英文原版还是理

（接上页注①）北京，2013。）这段历史也说明，当中西两种文明碰撞时，接触西洋学问的中国士子并不是一开始就全盘接受西方的文明等级论的，而是有意识地进行屏蔽和甄选。这与西方传教士最初向中国输入文明等级论时谨慎的心态是一致的。当然，西方传教士并没有放弃以西方文明标准来度量和定位中国社会。随着中国在与西方国家的对抗中的不断失利，特别是甲午失利，中国的维新人士开始自觉地学习和引入西方的文明等级论，以求师夷"长技"以制夷。

① 黄兴涛：《晚清民初现代"文明"和"文化"概念的形成及其历史实践》，《近代史研究》2006 年第 6 期；刘文明：《19 世纪欧洲"文明"话语与晚清"文明"观的嬗变》，《首都师范大学学报》（社会科学版）2011 年第 6 期。

② 笔者所见的是 1864 年的版本，注明第二版，而书中的跋称"西樵任瑞图氏"写于"丙辰冬"，并注明甲子仲冬重印。丙辰年是 1856 年，甲子年正是 1864 年。

雅各的中文版确实没有明指中国是"半文明国家"，也没有批评缠足野蛮，只是在第 42 课"女仔玩耍论"中把中国妇女的缠足与西国妇女的自然足对比，称"西国妇女无裹足之例，故少年女子，比之中国，走动便捷更好耍"。尽管书中讲到缠足时语气平和，没有明显的指责，但《智环启蒙塾课初步》把欧洲诸国和美国清晰地列为"civilized nation"，"其民为天下之至明达者"，这种比较视野下的差异多少彰显了中国及中国女子缠足的不够文明。

1885 年，英国传教士傅兰雅（John Fryer，1839 – 1928）以英国钱伯斯兄弟（ W. & R. Chambers）为初等教育编撰的政治经济学教材 *Political Economy*（1852）为底本，编译了《佐治刍言》。*Political Economy* 书中第 18 条清楚地把中国定位为"half-civilized"[①]，《佐治刍言》中没有出现相对应的提法。在19 世纪中期欧美人的文明等级中，早已把中国列为"半文明国家"，如上文所列举的伍德布里奇和米切尔的地理教科书以及《爱登堡地名辞典》，都把中国列为"半文明国家"。美国传教士卫三畏（Samuel Wells Williams，1812 – 1884）根据他在中国生活 40 余年的观察，于 1848 年出版了一本百科全书式介绍中国的书：*The Middle Kingdom*（中文书名：《中国总论》）。如他自己所言，取此书名就是为标明中国人处于文明与蒙昧两个等级的中间（the Chinese holding a middle place between civilization and barbarism）。[②] 把中国定位成"半文明国家"，应该是在华传

---

① W. & R. Chambers, *Political Economy*（Edinburgh：William and Robert C. Chambers，1852），p. 7.

② Samuel Wells Williams, *The Middle Kingdom*（New York & London：Wiley and Putnam，1848），Vol. 1, Preface ⅩⅤ.

教士的一种普遍看法。傅兰雅在《佐治刍言》不直译中国是
“半文明”国家，也许是顾虑华人读者心理有意而为之。这不
同于英文版的 *The Middle Kingdom* 是写给西方人看的，卫三畏
既不讳言而且乐意向西方读者显示中国“半文明”的特性。但
是，19 世纪中期，文明论进入中国的早期，在华传教士在向中
国读者译介文明论时，如何定位中国，似乎还是颇为谨慎和小
心的。

　　与《智环启蒙塾课初步》对缠足相对中性平和的描述不同，
《佐治刍言》明确批评缠足是陋习，将其与“西国妇女束腰”并
提，并把这两种陋习定性为“在文教之邦亦所不免……俱于文
教之中显出未臻极盛”。*Political Economy* 一书中并没有“西国妇
女束腰”的例子，这明显是傅兰雅自己为中国读者添加的事例。
在谈到像英国这样的文明国家中仍存在许多属于低等社会的习俗
时，傅兰雅列举中国女人缠足和西国女人束腰作为证据。在
Political Economy 一书中，将中国女人缠足与蒙昧部落（barbarous
tribes）对婴儿压首的习俗并提，作为野蛮生活（savage life）的例
子（第 18 条），而谈论文明国家中也会存在低等社会形态的习
俗是在另一条目中（第 20 条），明显是两个不同性质的问题。
前者是不同地理空间的文明等级，后者是历史阶段的进化程度，
而且性质不同，前者是野蛮的标识，后者是文明中的瑕疵。傅兰
雅明显改变了原版的顺序，他把压首仍定性为野人之习俗，而把
中国女人的缠足移到了未臻完善的“文教之国”下。这种表述，
一方面劝诫中国人摒弃陋习是文教进化的需要，另一方面亦承认
中国也是文教之邦。傅兰雅在翻译时故意省略和将顺序挪移，也
许有照顾中国读者感情的一面；另一方面，这种处理似乎并不与

原书的核心观点冲突。从历史进化的时间维度看，各国都是"先皆为野人，后由野人渐渐振兴文教"（第16条）。承认文明国家如英国的某些人群或地区也会残留野蛮之习俗，未彻底完成进化，既合乎逻辑，也在情理之中。另外，《佐治刍言》因未细分文明等级，只是笼统地将"野人"与"文教之人"、"野人之国"与"文教之国"对称，所以，中国作为"半文明"国家，若与"野人"之国区分，似乎也可算"文教之国"，尽管与欧美的文明程度相比仍有差距。在对待缠足的态度上，《佐治刍言》（1885年）明显比《智环启蒙塾课初步》（1856年）更激进和更具干预性了。这与传教士们在华倡导天足、劝诫中国人戒缠足的时间几乎是同节奏的。最早有记载的传教士公开反对缠足的事例出现在1875年厦门的英国传教士麦高温牧师（John Macgowan）主持的一次教友聚会上。在这次聚会上成立了戒缠足会（The Heavenly Foot Society）。同年1月的《万国公报》转载了《保师母与年会议论缠足信》。后来《万国公报》又陆续发表了一批由外国传教士和中国基督徒撰写的反对缠足的文章。①

《佐治刍言》中文明的性别标准与19世纪中期的欧洲文明论的性别标准如出一辙。该书第十六节中称：

野人之国……其俗男女不成婚配，人家妇女皆以奴婢视之。即父之于子，其束缚亦无人理，往往强者凌弱，弱者即巧诈顺承。〔英文的原文是：In that（barbarous）state the

---

① 〔美〕高彦颐：《缠足："金莲崇拜"盛极而衰的演变》（2005），苗延威译，江苏人民出版社，2009，第11页。

woman is the slave instead of the companion of her husband；the
father has uncontrolled power over his child；and，generally，the
strong tyrannise over and rob the weak。]

　　文教之国……男女则夫妇敌体，非如野人之以主仆相称
也。[英文原文是：woman takes her right place。] ①

　　这种说法与伍德布里奇和米切尔在地理教科书中所列举的
性别标准毫无二致：野蛮和蒙昧民族视妇女为奴隶，文明国视
妇女为同伴。只是英文原文中并不存在"其俗男女不成婚配"
的说法，明显是傅兰雅自己所加。可能是傅兰雅把他熟知的政
治经济学中关于野蛮和蒙昧时期家庭制度的知识也放入了对
"野人之国"的性别描述中。或许更刺激晚清士子的应该是家
庭关系中丈夫对于妻子、父亲对于儿子的不平等的权力关系是
野蛮习俗的说法。20 世纪初，儒家的家族秩序成为主张社会变
革的人士攻击的靶子，与这种秩序被视为野蛮的标志是有关系
的。关于野蛮对立面的文教之国的性别关系，傅兰雅把抽象的
"woman takes her right place"（妇女处适当位置）意译成"男女
则夫妇敌体，非如野人之以主仆相称也"，实则是以维多利亚时
代的"同伴"关系来批评中国儒家秩序中"男率女从"的性别
秩序。当然他也不会质疑将妻子的权利收缩、合并进丈夫权利
之中的"夫妇一体"的本质仍是妻子服从于丈夫、服务于丈
夫，夫妇并未平等。

---

① 　W. & R. Chambes, *Political Economy* (Edinburgh：William and Robert C. Chambers,
　　1852)，p. 6.

二　性别标准在中国的转化：林乐知与《全地五大洲女俗通考》

在晚清中国，单独拎出文明性别标准，并大张旗鼓向中国人传播的是美国传教士林乐知（Allen J. Young，1836～1907）。由广学会在1903～1904年出版的《全地五大洲女俗通考》（简称《女俗通考》）是他观点的集大成者。① 全书共10集21册，共2856页，分册出版。书中的一些篇目在出版前已在《万国公报》② 中发表，该书出版后，又在《万国公报》上转载。林乐知

---

① 林乐知的《女俗通考》第十卷《中国与各国比较女俗考》之第五章"经传史书"，收录了德国传教士花之安（Ernst Faber）对中国经传史书的分析，以证明儒教之"教化之恶劣""不足以正人心"，轻视妇女是其中一个主要证据。这也说明，林乐知在《女俗通考》中的观点并非个人的一家之言，而是西方传教士的普遍看法。

② 《万国公报》的前身是林乐知1868年创办的《中国教会新报》（The Church News），1874年9月更名为《万国公报》（Globe Magazine），以传播西学为主要内容，读者超越教友圈。1883～1888年一度停刊。1889年1月（光绪十五年的农历正月初一）复刊，中文名照旧，英文名改为 The Review of the Time，成为广学会的机关报，月刊，仍由林乐知主编。甲午战争后销量增加到一万八千多份，成为晚清非常有影响的报纸之一。1907年林乐知病逝，《万国公报》随之停刊（参见李喜所《林乐知在华的文化活动》，《社会科学研究》2001年第1期）。《万国公报》是西方传教士所办的中文报纸中办报时间最久、影响最大的一份报纸，被时人称为"西学新知之总荟"，颇受晚清维新知识分子重视。比如，康有为不但是《万国公报》的读者，还曾经参加该报在1894年举办的征文活动。梁启超在其所撰的"西学书目表"中，选录广学会出版的22种书籍，视李提摩太之《泰西新史揽要》与《万国公报》为最佳。所以，可以合理推测，《万国公报》及后来广学会出版的《女俗通考》是维新知识分子了解"文明的性别标准"这类"新知"的主要渠道之一。

设想的读者，不仅是文人学士，还包括闺阁名姝。他认为这本书"关系重大，不但有关于国家天下，实可总括人类而熔之，故无人不当读此书"，所以，作者和译者有意使用浅显之词句，以使"略通文理之人皆能明之。妇女小孩，但能识字者皆能读之"。①书中附有千余幅图片，除了增加读者的阅读兴趣，还有一个功能是让不识字的妇女也能看图明理。林乐知劝中国的士大夫对不识字的妻女"亦当为之讲解，并指示诸图，使之记忆"。林乐知设想的广泛的读者群也反映了他希望传播自己观念，借助教化妇女提升中国文明的野心。事实上，依凭《万国公报》的影响力、图文并茂且浅显的文字，《全地五大洲女俗通考》成为一本畅销书。1927年广学会成立40周年，统计自己出版的最畅销的九种书籍，该书位列其中，且印数在万册以上。②《女俗通考》的畅销，从另一个侧面也说明该书的思想可能契合了当时晚清维新派知识分子的想法。③

《女俗通考》有几大特色。**第一，这是一本专门写给中国人**

① 林乐知：《全地五大洲女俗通考》，任廷旭译述，上海广学会编行，上海华美书局印，1903，第一集首卷上卷，"林序"，第2页阳面。

② 王树槐：《清季的广学会》，载林治平主编《近代中国与基督教论文集》，台北宇宙光出版社，1981，第272页。

③ 林乐知作为长期生活在中国的西方传教士，他与中国维新知识分子密切交往。不能将其看成纯粹的单向度传播西学之人，其思想多少反映和融汇了当时晚清维新派知识分子的思想。笔者此处把林乐知的著作与晚清中国维新派知识分子的文章进行互文比对，只是想呈现这些观念在晚清的流行，并不想得出某种思想来自林乐知或传教士的简单论断。某个论者的思想来源可能是多元的，要厘清思想之间的相互关系需要更为复杂地考据。

看的书。林乐知是美国传教士，但自我定位是"寓华已久，自忘其为旅客，颇切同舟惧覆之忧"①。这一定位决定了林乐知要立足中国来应用欧美的文明论，并回应当时中国知识分子最关切、最急迫的问题：救亡图存、富国强民。这就不同于一些翻译书籍，基本上是西方人写给西方人看的。文明论在中国，恰似西方人送上的魔镜，迫使中国人观"西洋镜"中自己之陋容，从夷夏观念的自大中清醒过来，进入西方文明论的镜像，然后，知不足、树榜样、求进化，以升入文明国家，最终"同列万国公会"。如果说，理雅各和傅兰雅在向中国奉上这面"西洋镜"时，尚是犹犹豫豫，偷偷放置在中国人的书桌上，林乐知却是希望在给这面"西洋镜"镶上中式外框之后，将其正大光明地摆放在中国士子内厅的显要位置，（男女都）时时对照之，正衣冠、正内心。林氏称撰写《全地五大洲女俗通考》的目的就是为了"启迪华人"。因为"中国之闭塞，由于孤陋寡闻，无所比较耳"②。根据西方文明论的标准，封闭和不开放本身就是野蛮的标志。全书的编排次序也充分体现了作者的这一意图。全书10 集，按进化的顺序，从"未教化"的非洲，到"有教化"的东亚旧教诸国和西亚，到"文明教化"的欧美。作为美国传教士，林乐知把美洲新大陆作为文明进化的最高端，排在第九章。处于半教化的中国没有出现在中间卷册中，而是放在最后一卷《中国与各国比较女俗考》。如本卷名所示，考察其他国家和地区女俗之最终目的都是为与中国比较。比较是为了"供中国人

---

① 林乐知：《全地五大洲女俗通考》第一集首卷上卷，"林序"，第 1 页阳面。
② 林乐知：《全地五大洲女俗通考》第一集首卷上卷，"林序"，第 1 页阳面。

民之考镜"，"查考中国之教化于万国古今教化等级之中，应当列入何等何级也"。① 在《女俗通考》中，作者经常使用反问句，逼迫中国读者回答和正视中国在文明等级中处于"何等何级"。比较是为了明了中国的"真地位"，明了文明的序列是为了给中国人提供学习的榜样和动力，最终目的是为了变法求新。林乐知在第十集"中国卷"中罗列和分析完中国教化中的问题后，话锋就转向"中国之将来"、"变法之本务"和"维新之正路"。所以，与其说林乐知的《女俗通考》是一本向中国介绍西学之书，不如说是一本在西方文明等级论的理论指导下，以解剖中国女俗为切入点，解释中国落后之原因、指明中国维新之方向、提供中国学习榜样的指南书。

第二，确立了"女人为教化之表记"的标准。林乐知沿袭欧美文明论的政治、经济、社会、文化的整合性标准，所以该书对于各国教化的考察也不限于女俗。② 但是，与其他文明论相比，林乐知把"女人之地位、与其看待女人之法"③ 凸显和上升为衡量文明等级的核心标准。当然，林乐知并不认为自己独创了这一观点，他把思想源头指向西方，认为是"西人公见"。在《女俗通考》中，林乐知多次引证英国前首相格兰斯敦（William E. Gladstone, 1809～1898）的观点："欲考察各国人之地位，而

---

① 林乐知：《全地五大洲女俗通考》第十集下卷，第十八章"女俗为教化之标准"，第 35 页阴面。

② 林乐知：《全地五大洲女俗通考》第十集上卷，第一章"总论教化"，第 4 页阴面。

③ 林乐知：《全地五大洲女俗通考》第十集下卷，第十八章"女俗为教化之标准"，第 36 页阴面。

衡量其人类之尊卑者，不必观其他也，但观其国中妇女之情形。"[1] 格兰斯敦的名言在该书中第一次出现是在《论印度古今妇女地位》一文中，是借一位"肄业于英塾"的印度女子之口谈印度妇女之情形，在该篇按语中林氏称只是"照译如下"。[2] 于是，通过英国男相、印度妇女、在华美国传教士，这一观点超越了言说者的国界、性别，成为一个普世公见。

第三，提高妇女的教养作为提升文明的手段。欧洲文明论的性别标准，除了傅立叶把增进妇女的权利作为社会进步的手段之外，后来的文明论者大多只是把妇女地位高低作为衡量社会文明程度的标准，即：妇女地位提升是文明发展的结果。比如，约翰·穆勒在论证妇女屈从地位之不正当时，是从妇女屈从于男性的现状与现代社会的文明准则不符，亟待改进入手，并不认为提升妇女权利是促进文明的手段。林乐知把提高女人教化作为提升一国文明教化程度的思想，与其说来自西方，不如说与家国同构以及视女德为国家之本的儒家观念相通。比如《女诫》称："治天下，首正人伦；正人伦，首正夫妇；正夫妇，首重女德。"林乐知也套用家国同构的思想来论证重视妇女教化的重要性，"天下之本在国，国之本在家"，"教化必起于家庭"，"国者家之积也，有国者又安可忽视女人哉？"[3] 林乐知一方面试图糅合儒家教义和基督教教义，认为儒家所讲人伦与基督教三伦——天伦、

---

① 林乐知：《全地五大洲女俗通考》第十集下卷，第十八章"女俗为教化之标准"，第 36 页阴面。

② 林乐知译，迁廷旭述：《论印度古今妇女地位》，《万国公报》1900 年 6 月号。

③ 林乐知：《全地五大洲女俗通考》第一集首卷上卷，"林序"，第 1 页阳面。

人伦、地伦中的人伦是相通的；另一方面批评儒家的人伦思想
“缺而不全”“拘而不化”，试图以基督教教义改造儒家思想。
“缺而不全”指儒家不明天伦和地伦。不明天伦指中国人不信仰
上帝。不明地伦是批评中国人迷信风水、不知格物、未尽地力，
徒有地大物博，而国家贫弱，以致受文明教化的欧美人垂涎殖
民。作为万物创造者的上帝授予万物之灵的人类治理万物并享其
利的特权。地伦正当化了人类利用和统治自然的能力。同时，人
利用自然的能力也成为衡量一国文明程度的标尺，正当化了殖民
者的殖民行为。“拘而不化”的评价把儒家伦理定性为教化标准
中的前文明阶段，“教化务守过去之陈迹，不察现在之情势，更
不问将来之效验，无论一言一行，必则古昔，称先王”。[1] 在欧
式文明观的进化图景中，时间错位的儒教显然已不适用于现代社
会。泥古不化已成定质的儒教被指责为造成中国停滞不前的原
因。轻视妇女，过分重视君权、父权、夫权的儒家人伦观成为儒
教是古教的一个证据。西方文明论的内容与儒家思想框架的结
合，契合了希望工具化地学习西方，但仍保持中国文化精神的晚
清士子的思想需要。从家国同构和首重女德的角度出发，林乐知
认为“凡国不先将女人释放提拔，而教养之以成其材，决不能
有振兴之盼望”[2]，并把创办传播现代女德思想之女学作为强国
的具体手段。他不仅在《万国公报》和《女俗通考》中向中国
人介绍新兴的向文明教化国跃进的日本女学、男女并重的西国教
育，且特别推崇美国女学，并把这些国家的强大归于女学之兴

---

[1] 林乐知：《全地五大洲女俗通考》第十集上卷，第四章“中国停滞不长之故”。
[2] 林乐知：《全地五大洲女俗通考》第一集首卷上卷，“林序”，第1页阳面。

盛。兴女学以强国的策略也在晚清维新人士中得到了积极回应。

第四，为中国树立学习的榜样。不同于傅兰雅在翻译中有意遮蔽中国是"半文明"国家地位的做法，也不同于西文笼统地称中国为"半文明"国家，《女俗通考》之目的，就是要让中国人明了自己在全球文明阶梯中的定位，之后，找到学习的榜样，以及学谁和不学谁。《女俗通考》对中国的定位更为精准和更具指导性。中国人是"有教化人"，但属教化未全者，定位在介于欧美"文明教化人"和"未教化人"之间的中间状态。在"有教化人"的团体中，中国又处于维新之国的日本之后，印度之前。① 为此

---

① 林乐知的文明等级有时分四个等级：无教化之野人、半教化之人、有教化之人、文明教化之人。（《总论地球面人民教化》）。全集中更常用的是简洁的三等级：无教化之人、有教化之人、教化文明之人。在四等级论中，中国人处于"有教化之人"的文明等级。《女俗通考》是中文本，并未用与英文标识相对应的英文词，但在《女俗通考》第一集第一卷首页标识的英文书名是 *Woman in All Lands or China's Place among the Nations*：*A Philosophic Study of Comparative Civilizations, Ancient and Modern*。首先，林乐知的文明等级论同样是在时间与空间的双重维度上使用的。其次，在同页，林乐知对全书的概述中，使用了"barbarian""civilized of enlightened"（原文如此）两种英文表述。无疑，"无教化之人"对应"barbarian"，"教化文明"对应"civilized of enlightened"。虽未明文出现"the half-civilized"一词，但按林氏的四等级论理解，"有教化之人"应处于"the half-civilized"与"civilized and enlightened"之间，即：已有"教化"（civilization），但未达到"文明"（enlightened）的阶段。林乐知将"教化"和"文明"并用，"教化"对应的是"civilized"，"文明"对应"enlightened"。理雅各在《智环启蒙塾课初步》同样持四等级论，"国之野劣者"、"国之野游者"、"国之被教化而未全者"和"国之被教化而颇全者"，分别对应英文"savage nation"、"barbarous nation"、"half-civilized nation"和"civilized nation"。也就是说，在在华传教士的观念世界中，"教化"一词对应的是"civilized"。在汉语世界中，"文明"最终与"civilization"对应，是吸收了文化/教化与启　（转下页注）

中国应远学欧美，近学日本。甲午之战，日本向西方国家塑造了一个文明国家的形象。日本，作为同样受儒家文化影响，后因学习西方，新近晋升文明等级的国家，是中国学习西方的便捷也是易学的样板。印度，同样是东方古国。林乐知却经常把中国女俗陋习的源头归于印度文化的输入，是中国不应学习的反面榜样。①另外，在正面榜样中，欧洲文明论者往往视英国是人类文明的最高典范。林乐知作为美国传教士，将美国列为林式榜样排行榜中的"教化最美"者。在晚清的女权论述中经常可以看到林氏版的文明国排行榜，可见林氏思想对于晚清女权论述的影响。

第五，提供了评判三个等级女性地位的简明标准。"未教化人"待女人为奴仆："无教化之野人，其待女人有若奴仆，一切家务劳苦之贱工，皆由女人为之。"② 这一标准无疑复制了欧美文明论中对蒙昧和野蛮状态的性别描述。林乐知最具特色的地方是在"有教化人"的性别特征中增加了"视女人为玩物"："视女人虽较未教化人略胜，然终不肯视同平等，或玩弄之，或欺侮之，无一人肯造就女人以其成材者，遂使家无贤妻之助，子无贤

（接上页注①）蒙的双重含义。见本书第 39 页注释②。最后，在华传教士对于中国文明程度的认可度相对可能会高于其本国人，但也不会脱离"教化未全者"的中间阶段。

① 传教士如此定位印度、贬斥印度文化，部分原因可能是出于佛教与基督教的宗教竞争，但传教士对于印度的文明定位，深刻地影响了晚清及当下中国人对于印度的印象。印度作为西方殖民地的事实，使清末的相关论述经常把印度作为文明落后就要亡国的反面教材，劝诫中国人学习西方、努力进化。

② 林乐知：《全地五大洲女俗通考》第一集首卷上卷，"总论地球面人民教化"，第 15 页阴面。

母之训，其国亦即成为半教化之国矣。"① "视回教诸国，若突厥若波斯若埃及若亚喇伯等，其视女人皆以为娇姿美色，不过供世人娱乐之用耳，贫家女人出外耕作，亦属劳苦食力之流。"② "供服役""供玩好"作为压迫妇女的两个核心表现，经常出现在晚清各类女权论述中。③ 文明教化人，"并世之男女，皆为弟兄姊妹"④。林乐知继承了欧美文明论中文明国家性别关系的"同伴"标准，"西方文明教化之国，其待女人皆平等"。⑤ 但具体内涵也未脱维多利亚时代的妇女观："若夫教化文明之国，其女人，类多以家务为本分内之事，亦得出门同人，乐群敬业，不若回教诸国，及印度国人之禁锢女人也，且其女子莫不读书勤学，故既嫁之后，类能相夫成家，既生育之后，亦能教子成名，贤妻贤母，可于一身兼之矣。更有杰出之女人，能以其身范，作为训俗型方之榜样，且能发其仁心，助成博施济众之善功者矣。"⑥

---

① 林乐知：《全地五大洲女俗通考》第十集上卷，第一章"总论教化"，第2页阴面。

② 林乐知：《全地五大洲女俗通考》第一集首卷上卷，"总论地球面人民教化"，第15页阴面。

③ 比如，梁启超在《戒缠足会叙》（1897）中称："是故尘尘五洲……其待女子也，有二大端：一曰充服役；二曰供玩好。由前之说，则絷之若犬马，由后之说，则饰之若花鸟。"从时间上看，梁氏的这一论述应早于林乐知的《女俗通考》。可见，将女子"供劳役"和"供玩好"视为女子地位低下之表现是接受文明性别标准的晚清知识分子的共识。

④ 林乐知：《全地五大洲女俗通考》第十集上卷，第一章，"总论教化"。

⑤ 林乐知：《全地五大洲女俗通考》第十集下卷，第十三章"变法之本务"，第3页阴面。

⑥ 林乐知：《全地五大洲女俗通考》第一集首卷上卷，"总论地球面人民教化"，第16页。

　　第六，妇女无教养是国家衰弱之源。不同于西方社会中流行
的文明等级论，只是把"陋习"视为野蛮之表征，《女俗通考》
试图解释产生这些陋习的原因。他把主要原因归到儒家的学术和
实践（家族和国家中的专制）及其所造成的人民的无知和奴性，
以此证明儒家教义已不能承担教化中国人的责任，而应该由基督
教来承担教化责任，以带领中国进入文明时代。《女俗通考》第
十卷从家规女俗、经传史书、儒家学术等方面列举了中国传统社
会轻视妇女、薄待妇女的证据，包括取妾、溺女、"三从"等，
把不学无术、幽闭女人、缠足列为中国最恶之三俗。① 林乐知认
为上层阶级男子为了避免女人读淫词、犯淫戒，不使女子识字和
幽闭妇女，以致女子无教化；且缠足有百害无一利。林乐知不仅
把薄待妇女的恶俗作为国家无教化的标志，更重要的是把背负种
种恶俗之压迫的女子看成是整个国家无教化、未开化的原因。
"三害"造成"举半中国二百兆妇女，尽成无用之人，即成为分
利之人，国家之积贫而成弱，风俗之积陋而成愚，皆因之矣！"②
传教士参与了对"无才为德""无用之人"的中国传统妇女的
刻板形象的建构，而且很大程度上继承了传统中国的女祸论。
愚昧无用且误国的中国传统妇女形象被谋求维新的士子们接受
并广为传播。在西方文明的标准下，传统妇女成为"问题"。
妇女问题——成为问题的妇女，而非性别议题——首先成为内
在于中国变革话语中的核心议题之一。"妇女问题"表明了变

---

　　① 林乐知：《全地五大洲女俗通考》第十集下卷，第十八章"女俗为教化之
标准"，第 37 页。
　　② 林乐知：《全地五大洲女俗通考》第十集下卷，第十三章"中国变法之本
务"，第 3 页阴面。

革中国之必要性——受压迫的妇女既是传统社会的象征，也是传统社会问题之所在；同时也提供了变革中国的可能性。新女学和新女教——把妇女改造成符合文明标准的母亲——成为变革社会之手段。

林乐知的《女俗通考》代表了欧美文明等级论中的性别标准在中国的转化。欧美文明论还只是视妇女地位为衡量标准，林乐知则转化为视妇女为阻碍文明进化的原因，但这同时也赋予了妇女在文明进化过程中的主体身份。因为妇女既然可以成为文明进化的障碍，就可以成为推动历史进程的动力。这在晚清中国的女权论述中得到了充分的展现。当男性把中国贫弱之原因指向妇女时，女性往往担下罪魁之责，而要求积极参与到历史进程中，以历史主体的身份，通过同担责任来践行男女平等。

另外，林乐知不仅著书办报，在理念上传播文明的性别标准，而且积极参与兴办女学堂的实践，践行改善女子教化、推动维新、提升中国文明的主张。林乐知基于创办和主持新式男学堂"中西书院"的成功经验，建议基督教美国监理会女子部在上海开办新式女学堂，并参与筹设了"中西女塾"。"中西女塾"后来发展成被上海上流阶层女子趋之若鹜的教会女学。中国人自己创办的第一所女学堂"中国女学堂"（1898年创建）的筹设和办理中也有林乐知的影子。该学堂实行"中西合参"的办学方针，与中西女塾"中西并重"的办学方针相似。林乐知的女儿林梅蕊（Mary Louise Allen，又称林玛莱）不仅在中西女塾任过教习，而且曾在中国女学堂担任过西文总教习。戊戌政变之后，为应变时局，林梅蕊一度主持中国女学堂的校刊

《女学报》①，后退为主译。② 林乐知及其女儿与中国本土女权实践
之间的关系，从一个角度折射出中国女权与西方文明论之间的纠葛。
《女学报》的英文名是"*Chinese Girl's Progress*"，"progress"含有
"进步""进化"之义。英文报名也透露出晚清维新人士兴女学、重
女教背后的动力：实则也是受到西方文明论的压力和指引。

三　性别标准在中国的效应：观于人的耻辱和废缠足

"林乐知们"把西方文明论的"魔镜"放置在中国人面前，
晚清中国士子面对魔镜中的"自己"，可能会产生两种效应：或者
拒绝照镜③，或者认同镜像。认同镜像就会产生"观于人"的耻
辱，产生改变的动力。当然，改变的目标和路径也就由魔镜提供。

在"落后挨打"这一事实面前，晚清寻求变革的一些知识
分子表现出对于镜像中国的认同。比如，出使英国的郭嵩焘是较

---

① 《女学报》1898 年创刊，被称为中国历史上的第一份女报。戊戌政变发生后，
　康有为之女康同薇、梁启超夫人李端蕙等人的名字从第八期主笔名单中消
　失，而自该年 9 月起，林梅蕊成为中国女学堂的西学总教习，《女学报》也
　由林梅蕊主持。这可能是为了应对时局而做的变动，以林梅蕊与教会之关系
　来保护女学堂和女学报。1899 年 2 月，林梅蕊从主编退为主译。参见夏晓虹
　《晚清两份〈女学报〉的前世今生》，《现代中文学刊》2012 年第 1 期。

② 夏晓虹：《晚清两份〈女学报〉的前世今生》，《现代中文学刊》2012 年第 1 期。

③ 辜鸿铭是拒绝西方文明镜像的代表。辜鸿铭在殖民地长大，接受西方教育，深
　谙西方文化。他却固守在当时已被讥为野蛮旧俗的留长辫、蓄妾的做法，一派
　遗老做派。辜氏做派传达的是他对中国文明和"中国"身份的认同以及对西方
　文明标准的反抗。高彦颐对此有非常精彩的分析。（参见〔美〕高彦熙《缠足：
　"金莲崇拜"盛极而衰的演变》，苗延威译，江苏人民出版社，2009，第 33～
　44 页。）但是，辜鸿铭抗拒的背后是其仍未摆脱西方这面文明魔镜，仍处
　在中西二元对立结构之中，以否定之否定的方式彰显自己的态度。

早知晓欧洲文明等级论的中国人。他在 1878 年 3 月 5 日的《伦敦与巴黎日记》中写下这样一段话：

> 盖西洋言政教修明之国曰色维来意斯德（civilized），欧洲诸国皆名之。其余中国及土耳其及波斯，曰哈甫色维来意斯德（half-civilized）。哈甫者，译言得半也。意谓一半有教化，一半无之。其名阿非利加诸回国曰巴尔比里安（barbarian），犹中国夷狄之称也，西洋谓之无教化。三代以前，独中国有教化耳，故有要服、荒服之名，一皆远之于中国而名曰夷狄。自汉以来，中国教化日益微灭，而政教风俗欧洲各国乃独擅其胜。其视中国，亦犹三代盛时之视夷狄也。中国士大夫知此义者尚无其人，伤哉。①

郭嵩焘用古典中国的夷夏观比照理解欧洲文明观，运用音译，并以"政教修明之国"来对译 civilized，说明当时欧义"文明"② 以及欧洲的文明观尚未在中文世界中完全确立。这篇日记

---

① 郭嵩焘：《郭嵩焘日记》第 3 册，湖南人民出版社，1982，第 439 页。

② 在 1864 年美国传教士丁韪良翻译的《万国公法》中，"the civilized"被译成"教化""服化""文雅"，"civilized nations"被译为"服化之国"，没有出现"文明"一词。"文明"一词应是和制汉词。在 1875 年出版的福泽谕吉的《文明论概略》中，作者将"civilization"对译"文明"，此书的广泛影响对于"文明"一词的应用及其观念的传播起了很大作用。1879 年黄遵宪的《日本杂事诗·新闻纸》中将"文明""开化"相提并论："一纸新闻出帝城，传来今甲更文明；曝檐父老私相语，未敢雌黄信口评。"注曰："新闻纸中述时政者，不曰文明，必曰开化。"由此可见，一则到 19 世纪 70 年代末，"civilization"与"文明"的对应含义还没有完全稳定下来，因为"文明"更贴合"enlightened"（英文的词根含"明亮"与"启蒙"），而"开化"更贴合"civilization"。二则也说明 19 世纪末期日本对文明论的热情。（转下页注）

清楚地表明郭嵩焘内心已经接受了欧洲的文明观，包括为他们中国排定的文明位次，尽管这种接受包含着无奈和迫不得已。郭哀叹中国文明曾经的辉煌以及今日的衰落[1]，更痛心中国士子们闭锁不知"此义"——西方的文明等级论以及中国的文明等级。梁启超抱持相同的认知，他同样在欧洲所制的世界历史和文明图景中定位中国。一方面强调中国在历史早期阶段曾位列教化先进之国，另一方面承认"以今日论之，中国与欧洲之文明，相去不啻霄壤"[2]，接受和认同中国处全球文明格局中的中间位置："以今日之中国视秦西，中国固为野蛮矣。以今之中国视苗、黎、獞、猺及非洲之黑奴、墨洲之红人，巫来由之棕色人，则中国固文明也。"[3] 曾经拥有而又失去的尊荣地位，刺激了中国人

（接上页注②）"开化"与"文明"的区别与社会进步五阶段论有关，但五阶段论的最高级"the enlightened"和四阶段论的最高级"the civilized"有时被人相提并论，有时合二为一，说明英文世界中"civilization"的含义也不是始终如一地稳定和清晰的。西义"文明"一词在中国大量使用，是在甲午战争之后。（参见黄兴涛《晚清民初现代"文明"和"文化"概念的形成及其历史实践》，《近代史研究》2006 年第 6 期。）感谢刘禾教授指出"enlightened""civilization"两词在英语中的微妙差异，以及中文对译词在语义上的错位。

[1] 承认中国在人类文明进化的早期阶段曾处于领先地位，并不与西方文明论相冲突。相反，按照文明论的政治地图，西方承认中国文明的曾经领先和辉煌，只是认为中国后来发生持续的停滞和倒退，甚至重新堕落到一种野蛮状态。所以，对于中国文明进化停滞之谜（如"李约瑟之谜""韦伯疑问"）的考察和解释一度成为汉学研究中的传统经典命题。

[2] 梁启超：《论中国与欧洲国体异同》（1899），《饮冰室合集》文集之四，中华书局，1989，第 61 页。

[3] 梁启超：《论中国宜讲求法律之学》（1896），《饮冰室合集》文集之一，中华书局，1989，第 94 页。

改革跃进的欲望。这种排位定级为中国人提供了奋进的目标和希望："今所称识时务之俊杰，孰不曰泰西者文明之国也，欲进吾国，使与泰西各国相等，必先求进吾国之文明，使与泰西文明相等。此言诚当矣。"① 同时，文明等级也为寻求变革的人士——不管是维新派还是革命者——提供了解释中国落后挨打的原因。邹容在《革命军》（1903 年）中称："彼英法等国之能亡吾国也，实其文明程度高于吾也。" 正因为认同文明的序列和这种序列背后的优劣，邹容甚至激进地称若真要亡国了，宁可为"文明人之奴隶"而不愿为"野蛮人奴隶之奴隶"。② 维新派或革命派在接受西式文明的现代性方案方面并无二异，只是在推动中国由野蛮进入文明的手段选择方面有所不同而已。如果说，"文明"标尺正当化了西方殖民者的殖民行为③，合理化了被殖民地

---

① 梁启超：《国民十大元气论》（1899），《饮冰室合集》文集之三，中华书局，1989，第 61 页。

② 邹容：《革命军》（1903），罗炳良编，华夏出版社，2002，第 12、13 页。

③ 林乐知在《全地五大洲女俗通考》一书中向中国人介绍三种欧洲殖民者以文明等级为依据的殖民理由：利于文明人、帮助未教化人、天下一家。"或曰，吾人户口日增，生产日多，制造日盛，但土地狭隘，几有人满为患，销路不广，大有货涨之虞，环顾全地球之上，不少沃土旷野，或未经人迹，或为野族土人所有，而不知耕殖，吾人当速往开垦之，以宣地力化无用为有用，此实吾人当尽之责任也。或曰，未教化人，或略有教化人所立之国。其地力甚富，其人民知识不足，不能开辟天生自然之财源，吾人宜代治之，使尽其利，方足完全我等文明教化人之责任也。或曰未教化人，当受治于有教化人，乃天定自然之理也，吾人推天下一家之义，当引领未教化人，使同归于文明之途，不忍久见其沉沦于黑暗之中也。此三说者，实为欧人通商殖民之大宗旨也。"（参见〔美〕林乐知《全地五大洲女俗通考》第十集上，任保罗译述，广学会出版，1903，第 13 页。）

人们落后挨打的处境，那么，这个"标尺"也为被殖民地人民提供了奋起直追的动力和目标，这是文明等级论传入中国后产生的另一个效应。

认同文明魔镜中的镜像之后，就会产生强烈地"观于人"的羞耻感。邹容在《革命军》中想象了旧式中国人在传统文明国家和新兴文明国家的街头行走，被文明人藐视而产生强烈的羞辱感。"拖辫发，着胡服，踽踽而行于伦敦之市，行人莫不曰：Pigtail（译言猪尾）、Savage（译言野蛮）者，何为哉？又踽踽而行于东京之市，行人莫不曰チセンチセンホッ①（译曰拖尾奴才）者，何为哉？"② 这种羞辱感是推动晚清志士改革中国的重要心理动力。如同邹容耿耿于怀的辫子，缠足同样是不文明的象征，作为具象的文化符号、可视的对象，成为晚清维新人士启动社会变革时首先针对的对象。这些表征野蛮的陋习——男人的发辫、女人的缠足——在文明魔镜下折射的是中国的"不文明"，不断提醒中国人中国所处的文明位次，从而把对陋俗的讨论纳入了国族主义的框架之中。当西方传教士把"缠足"和"天足"的对立关系建立起来之后，"缠足"经常在中与西、野蛮与文明的二元比较视野中被声讨。百年后再读国人当年厌弃缠足的文字，仍能感觉到这些被西方文明"启蒙"后的先进者纠结和复杂的心绪。面对西方文明魔镜，他们无时无刻不感觉到西方人高高在上的俯视目光，发自内心感觉到羞耻和焦虑，纠缠着对西方

---

① 邹容《革命军》中原文的日文拼写有误，应为：チャンチヤンボッブ，感谢刘禾教授发现并指出原文中的日文拼写错误。

② 邹容：《革命军》（1903），罗炳良编，华夏出版社，2002，第27页。

文明的服膺和对西方人傲慢的不满，更多的是面对国人之麻木而怒其不争的悲愤：

> 况乎今日，中外一家，吾华素号教化最先之国，乃此等恶俗，遍地球不见于他国，而偏盛于吾华，岂不益覆外人之耻笑轻辱耶？言念及此，在今日之废此俗，诚有不可稍缓须臾者。[①]
>
> 西人之藐我中国也，事事加以讪笑，而于缠足一事，往往著之论说，诧为奇谈。彼盖见五洲万国，绝无此楚毒之刑，加诸无辜之族。我中国每不为怪，又乌得而不藐我也？[②]

1903 年 3 月 1 日到 7 月 31 日，日本大阪举行第五届大阪内国劝业博览会[③]，内设"人类学馆"，日本计划展出一位缠足女性。展览方案传出后，《新民丛报》立即向在东京的中国留学生刊出了《日人侮我太甚〈敬告东京留学生〉》的评论，并用着重

[①] 鸳湖痛定女士贾复：《缠足论》（1896），载中华全国妇女联合会妇女运动历史研究室编《中国妇女运动历史资料（1840～1918）》，中国妇女出版社，1991，第 26 页。

[②] 《倡办顺德戒缠足会叙》（1897），载中华全国妇女联合会妇女运动历史研究室编《中国妇女运动历史资料（1840～1918）》，第 39 页。

[③] 创建近代世博会的一个主要功能就是展现视觉化的文明等级和传播文明等级论。姜婧分析了近代世博会历史，以及馆内的空间布局和陈列是如何受到文明等级论的影响，如何通过展览展现文明之等级。日本利用世博会向西方人展示自己的文明程度，跻身文明国行列。同时通过中日之间的比较显示中国人的野蛮和落后，以确立日本在亚洲的领导地位。（参见姜婧《世博会的历史与文明等级论的视觉呈现》，清华大学－哥伦比亚大学跨语际文化研究中心"全球史视野下的文明论谱系"会议论文，北京，2013 年 8 月。）

号标出"日人竟拟于其中置一中国人，撷拾我一二旧俗，模肖其腐败之态，以代表我全国，呜呼。其侮辱我实甚矣"①，其中，又特别标识出"侮辱我"，在整个版面中异常刺眼，似乎能直刺读者之心。文章号召在东京的数千名中国留学生，学习日本留美学生在芝加哥博览会拟展日本人时的抗议行动，以示公愤，以争国体。文章详细介绍了留美日本学生在芝加哥博览会的抗议行为。报道出来后，中国驻神户领事蔡勋前往大阪力争，留日学生致函国内负责参展的官员，要求中国拒绝赴会。② 最终，穿着中装的缠足妇女改在台湾亭招待游客。当时台湾是日本殖民地，这么做似乎可以割裂缠足女子对于中国的象征。对于这一结果，湖南同乡会还不放心，仍派人入馆验证展出的女子确为台湾人，而非湖南人，因为当时流传缠足女子为湖南人。③ 中国留学生纠结于缠足女子是台湾人还是湖南人的举动和心理，表明这些中国留学生已经接受了西方文明论中的政治标准：以领土为界的种族/民族国家。这种封闭的和排外的现代国家观念的确立，以及因此而产生的明确的国家身份认同，是"人类馆事件"激发中国人愤怒的更深层次的原因。以国家为单位的国际博览会是国际格局的微缩，想象的国家共同体被参展的陈列物具化为真实存在，缠足女子代表的是整个国家、种群的文明身份。"人类馆"把文明魔镜里文明野蛮的等级次序真实地展现在现实世界中，在看与被

---

① 《日人侮我太甚〈敬告东京留学生〉》，《新民丛报》1903 年第 25 号。

② 《博览会人类学馆事件》，《新民丛报》1903 年第 27 号。

③ 〔日〕须藤瑞代：《中国"女权"概念的变迁：清末民初的人权和社会性别》（2007），〔日〕须藤瑞代、姚毅译，社会科学文献出版社，2010，第74～75 页。夏晓虹：《晚清文人妇女观》，作家出版社，1995，第 15 页。

看的观看政治中，中国人被真切地贴上了野蛮人的标签。观看权力的无形暴力，具化为被人蔑视、品评的羞辱和压迫，由此产生的作为"野蛮人"的身份焦虑和愤怒是无可逃遁的真实存在。

"人类馆事件"传入国内，陈列女子的台湾人身份被消隐。这一事件作为国耻，通过媒体在北京、天津、上海等大城市继续发酵，并作为事关国体的事件，成为国内废缠足的强大推动力。一年后，广东香山女学校开业，规定学生不得缠足，仍以人类馆事件说明戒缠足的必要性，"野蛮人类，馆列大坂，腾笑五洲"，"我实痛之，我实耻之"。① 1904 年美国圣路易斯博览会上，又发生了一起缠足女侍茶事件，引起在美留学生和华侨的抗议，最后以经济补偿的方式把缠足女子送回国。② 民间舆论也给清政府施加政治压力，要求各关道以后遇有华商参展，要严格核查，妇女弓鞋之类被列为"有害风教卫生者"，被禁止参展，以免"贻外人讪笑"。③

但是必须指出的是，这种羞耻、抗议和变革的背后，却是国人对西方文明等级论的接纳和对白种文明人的服膺。《新民丛报》号召东京留学生群起抗议展览中国的缠足女子，并非抗议置野蛮人种于展览会场的做法，认为"此事各国博览会所常有也"④，抗议的是视中国人为野蛮人种的做法。特别挑动中国人愤怒神经的是，曾经作为中国的学生的日本也开始藐视中国，且

---

① 《香山女学校学约》，《女子世界》1904 年 7 月，载中华全国妇女联合会妇女运动历史研究室编《中国妇女运动历史资料（1840～1918）》，第 330 页。

② 《美国赛会场赀遣缠足女始末记》，《大公报》1904 年 9 月 6 日。

③ 杨兴梅：缠足的野蛮化：博览会刺激下的观念转变》，《四川大学学报》2012 年第 6 期。

④ 《日人侮我太甚〈敬告东京留学生〉》，《新民丛报》1903 年第 25 号。

在与西方白种人的种族对比中，日本并没有唇齿相依的同种认同。"日本人与我同为黄种，虽彼二十年来政治学术之进化甚速，要其社会之文明程度不过与我相颉颃，或视我犹不及焉。今乃为无礼之举动，亦适成其为岛民之气度而已。且污蔑我中国，而日本宁能独荣焉。"① "日本与我同种，且于博览会中，置我于野蛮人类馆矣！吁！可痛哉！"②

正是对西方白人文明的服膺和认可，晚清女权论述中对同样作为陋俗的中国人的缠足与西人束腰的态度是有差异的。③ "束腰的严重性不若缠足。"④ 更重要的是，对束腰的论述没有进入国族主义的框架，只是西方从野蛮走向文明进程中的瑕疵，瑕不掩瑜，并不影响西方文明国的定位。缠足在与西方天足的对照下，被建构

---

① 《日人侮我太甚〈敬告东京留学生〉》，《新民丛报》1903 年第 25 号。

② 竹庄：《论中国女学不兴之害》，《女子世界》1904 年第 3 期。

③ 缠足与束腰都作为压迫妇女的陋俗进入晚清女权论述的范畴。《佐治刍言》中提到三种陋俗：中国妇女的缠足、西国女人的束腰、某野人部落的压首。这三个象征也成为晚清论述中天下女子普受压迫的证据，常三者并提。例如，金天翮在《女界钟》："夫非洲妇人之压首，西洋女子之束腰，已为酷异，然未尝如吾中国缠足之甚者也"（金天翮：《女界钟》（1903），上海古籍出版社，2003 年第 15 页。）梁启超在《戒缠足会叙》（1896）中称："禀此二虐，乃生三刑：非洲、印度以石压首，使成扁形，其刑若黥；欧洲好细腰，其刑若关木，中国缠足，其刑若斮胫。三刑行，而地球之妇女无完人矣。"《佐治刍言》（1885）只是称压首是"野人"的一种习俗，并未指明特定区域或指派给特定地区的妇女。金天翮把压首的习俗按给非洲女人，梁启超把压首习俗又加在印度女人头上，不知其出处何在，似乎印度女人并无压首习俗。不管印度女人有无压首习俗，重要的是金、梁认同了这些女俗是野蛮的象征，压首只是印度不文明的一个表征而已。

④ 金天翮：《女界钟》（1903），陈雁编校，上海古籍出版社，2003，第 15 页。康有为：《大同书》，上海古籍出版社，2005，第 136 页。

为"废疾"，不再是令人艳羡的传统美，而成了令人厌恶的"奇病"。身体上的"废疾"既无法履行相夫教子的传统妇职，拖累男儿，也不能履行国民之母的新功能，拖累国家。比如黄鹄生把缠足看成"亘古未有之奇病之一"，造成"数千万贤明之妇女，皆成废疾，不能教子佐夫，而为之夫为之子亦只可毕生厮守，宛转牵挂，无复有四方之志……无意自强，是缠足一事，到天下妇女之足者患犹小，丧天下男子之志者患无穷也"。① 张之洞认为缠足不仅病于家，更是病于国，缠足女"所生之子女，自必脆弱多病"，以致"吾华民之禀赋日薄，躯干不伟，志气颓靡，寿命多夭，远逊欧美各洲"；"吾不惟伤此中华二万万妇女，废为闲民僇民也，吾甚惧中华四万之种族，从此尫琐疲尵以至于澌灭也"。② 关于缠足的论述进入了国族主义的框架，缠足不仅是国家不文明的象征，更是造成国家不文明和亡国灭种之罪由。当对缠足的定位从"陋习"转向"病国"时，"缠足"已从文明的形式问题进入了文明的实质性问题，即，女人与以种族为基础的现代国民－国家产生了联系。

四 文明的政治－经济标准之性别要求：女国民、国民之母和生利之人

西方的文明论中不仅存在一个显性的性别标准——以妇女的地位来衡量社会之文明程度，而且，文明的政治－经济标准中内

---

① 黄鹄生：《中国缠足一病实阻自强之机并肇将来不测祸说》（1897），《时务报》第 35 册，载中华全国妇女联合会妇女运动历史研究室编《中国近代妇女运动历史资料（1840～1918）》，第 37 页。

② 张之洞：《不缠足会叙》（1897）载中华全国妇女联合会妇女运动历史研究室编《中国近代妇女运动历史资料（1840～1918）》，第 42 页。

嵌着隐性的性别维度。文明国家的国家形式是以民权①作为国体基础的现代国民国家，也是一种以种族为基础的民族国家。换言之，现代国家以血缘和文化的同一性打造国家的凝聚力，以民权作为国家政治的合法性。资本主义的生产方式，即以资本主义方式组织的工商业，是文明国家的经济形式。国"富"、民"强"是实行这种政治、经济标准的结果，是文明的外化，反过来也证明了其文明性。当文明的政治、经济标准进入中国，中国的社会结构在发生质的变化之前，首先是在观念中发生了对过去和未来的重构性想象。这种重构性想象需要重新安置妇女，改变妇女传统上安"身"与立"命"的内涵，并为妇女之"身"安排新的物理空间和社会空间，赋予"命"以新的意义。当观念的转变完成，"重构"消隐、"转变"自然化，似乎一切理应如此，潜化为集体无意识。

以种族为基础的现代民族国家观念直接推动了国人对于国民身体——包括男性和女性的身体——的关注。按照文明等级来衡量人种进化的程度，是西方文明论的重要内容之一②，被受文明论启蒙的维新人士接纳，来合理化白种人的优越感和殖民扩张行为："白种人优于他种人者，何也？他种人好静，白种人好动；

---

① 在晚清，文明的政治标准刚刚被引入，用来构想新的国家时，在当时改良派维新人士的观念中，民权与民主是有区别的。民权是国家主权的归属问题，即，主权人民所有的国体问题。民主是国家治理形式，是政体问题。所以，追求民权，并不一定与"君主治理"的形式相冲突。

② 参见梁展《政治地理学、人种学与大同世界的构想》，姜婧《世博会的历史与文明等级论的视觉呈现》，清华大学－哥伦比亚大学跨语际文化研究中心举办的"全球史视野下的文明论谱系"会议论文，北京，2013。

他种人狃于和平、白种人不辞竞争；他种人保守、白种人进取；以故他种人只能发生文明，白种人则能传播文明。发生文明者，恃天然也，传播文明者，恃人事也。"① 在优胜劣汰的进化史观中，文明的程度与人种的优劣有着相互论证的因果关系。好静与好动、和平与竞争、保守与进取是内在于人种的精神特质。人种的特质，包括外在的体格强壮和内在的竞争进取的精神特质，决定了不同人种的文明等级。当现代民族国家建立在以种族作为其人口基础时，国民身体与文明进化的关系以及与国家强大的关系，实则是一个问题的两面。于是，人种的优劣和文明程度直接转化为国家强大与否的问题。因为人种与现代民族国家无法割裂的嵌套关系，才会将"亡国"与"灭种"、"强国"与"善种"并提。由国民组成的国家，国力的强盛与国民数量、质量密切相关。国民身体健康与否、体格强弱已非个人问题，而是关系国力强弱的问题。比如，梁启超称："在民族主义立国之今日，民弱者国弱，民强者国强，殆如影之随形，响之应声，有丝毫不容假借者。"② 人类历史无非是"叙人种之发达与其竞争而已"，而今日的世界又是"国族相结相排之时代"。③ 在人种与国家、文明的纠缠关系中，男性国民的身体同样具有政治性，是国家干预和规训的目标。只是因为女性身体具有诞育国民的功能，作为

---

① 梁启超：《新民说·就优胜劣败之理以证新民之结果而论及取法之所宜》（1902），《饮冰室合集》专集之四，中华书局，1989，第10页。

② 梁启超：《新民说·就优胜劣败之理以证新民之结果而论及取法之所宜》（1902），《饮冰室合集》专集之四，中华书局，1989，第7页。

③ 梁启超：《历史与人种之关系》（1902），《饮冰室合集》文集之九，中华书局，1989，第11页。

"国民之母"和"文明之母"，现代国家对于女性的身体比男性的身体更多了一份关注，更有管治的必要性。

所以，女人的身体在双重意义上对于现代国家具有重要价值，被国家重视：一是作为国民的身体，二是作为国民之母的身体。

第一，作为国民，病弱女子会弱化国家。金天翮在《女界钟》中引卢梭名言"身体弱则心灵亦弱"，认为"世界处物竞天择之场，非独择别优种，盖体格强壮之人必得最后之胜利"，哀叹"中国人种殆失优胜之地位，而为病院之大标本"，而且"种种不可称量、不可思议之美疢恶疾，尤以女子为多"。所以，作为病妇的"女子急宜先求运动之法，夫运动而后身体强，身体强而后精神愉快，而后办事而有余"。① 作为国民，体弱的女子会弱化国家、拖累国家。严复在《原强》（1895）中也为国家强盛提出了三门必修功课：鼓民力、开民智、新民德。其中，民力——"民之手足体力"被视为国家富强之基。严复把吸食鸦片和女子缠足作为贻害民力之恶俗，视为"害效最著者"。张之洞甚至认为缠足对国民身体的祸害甚于吸食鸦片。② 缠足不仅是表征野蛮的文化象征，更是戕害民力的实质性问题。同样，男人的辫子作为表征野蛮的文化象征，虽也是需要被现代文明割除的陋习，但是无须承担"病国""弱种"的责任。缠足——因是女人身体的一部分，在近代国家急迫追求"文明化"的过程中被放大和彰显。

---

① 金天翮：《女界钟》（1903），陈雁编校，上海古籍出版社，2003，第31、
　　32 页。

② 张之洞：《不缠足会叙》（1897），载中华全国妇女联合会妇女运动历史研
　　究室编《中国近代妇女运动历史资料（1840～1918）》，第42 页。

　　第二，作为"国民之母"和"文明之母"，女性的身体更显重要。母体，传递的不仅是生物基因，还有文化基因；不仅是传种的工具，而且承担进化的责任。"种族所由来"的女性身体要承担起保种、强国的责任。"女子者，国民之母，种族所由来也。黄种之繁，远过于白种，而白种之强，远过于黄种，白种人常能以少数制黄种人之多数。……推其原由，固由知识之不竞，亦实由体魄之脆弱。体魄脆弱，非由国民之母皆缠足之故哉！……亡国之祸，殆不若亡种之惨也！所谓亡种之源也。"① 认同黄种相对白种为弱种的定位，并把中国种弱之源归于缠足，是文明论框架下的主流论述。当人种的优劣成为国家强弱的理由时，人种的优劣理论也为弱国提供了追求强国的机会和方式：通过强种而达到强国，通过善种而进化文明。作为善种工具的"国民之母"，不仅需要进行体育训练和卫生教育，强健自己的身体并诞育良种，"母健而后儿肥"②，更需要用现代文明的德性标准来教养心灵，成为合格的国民之母和文明之母，然后才能合格地履行孕育教养未来国民的责任。接受文明启蒙后欲敲响"女界钟"以警醒国人的金天翮认为："个人之品性，虽由外界之风俗境遇熏染刺激而化，亦自因内界之数十代遗传根性酝酿陶铸而成。而根性之传，必离母而附子，阳施阴受，顿渐各殊，故国民无师，其所师则女子也。"③ 可见，文明的根性需要由身心都接受过文明熏制的母亲来传递。可能是基于这个原因，金天翮在"女子之道德"一章

---

① 竹庄：《论中国女学不兴之害》，《女子世界》1904 年第 3 期。

② 严复：《原强》（1895 年），《严侯官文集》作新译书局，1903（光绪二十九年）。

③ 金天翮：《女界钟》（1903），陈雁编校，上海古籍出版社，2003，第 4 页。

中谈论胎教与母教："欲孕出健康顺遂、聪明伟大、热心公德、道德名誉之儿乎，其必以胎教之高尚纯洁为之基础矣。"另外，"小儿之脑影如纯素洁白之纸，施丹则丹焉，施墨则墨焉。心主主观，语以博爱、尚武、殖民、航海、共和、革命，则翕而受之矣"①，则是母教的功能。文明之母，指的就是女子有促进种族进化的功能。所以，有利于国家强大的国民之母亦是文明之母。

为有利于文明和进化，作为国民和国民之母、文明之母的女性之身心，需要由现代国家接管，而且要按照现代文明的要求进行重置。"兴女学"正是管治和重置女性身心的具体手段。在国民国家体制内，女子教育不能是上流社会女子独享的特权，因为教育不再仅仅是上层阶级女子表征身份的文化资本，而是具有了政治和经济功能。所以必须利用现代教育体制——现代学校，批量化地对（女性）国民进行文明教育，使全体（女）国民都能适应现代国家（女国民、国民之母）和现代社会（职业女性）的需求。"教育为兴国之本"是国民国家体制应有之义。所以，女子教育尽管是由维新男士启动，但很快就由新建立的现代国家接手，成为国家之事业。

现代女学还有另一个重要功能，就是通过女子教育，把女子从无业之人改造成有业之人，以适应现代资本主义社会的需要。这与文明的经济标准有关。梁启超在《论女学》（1897）中称："学也者、业之母也。"梁启超认为中国女子无业，只能待养于男人，从而受制于男子，不仅女子极苦，而且男子亦极苦，不得

①　金天翮：《女界钟》（1903），陈雁编校，上海古籍出版社，2003，第4、9页。

不终岁劳累，更重要的是拖累国家，造成国家的贫弱。依据中国
传统的男耕女织的分业，以及"女主中馈"和德言容功之"妇
功"要求，女子怎么就成了分利之人了呢？甚至精英阶层的女
子以绣品等妇功维持家道中落后家庭之生计，此类记载并不鲜
见①。那么，梁启超所指的"业"是什么业？另外，为什么女子
无业是国家贫弱之源呢？梁启超称其观点是依据"公理家之
言"："凡一国之人，必当使之人人各有职业，各能自养，则国
大治。"有业之人抚养无业之人，无业之民的多寡与国家强弱成
正比。有业与无业，梁启超称"西人译者谓之生利分利"②。这
个"公理家"是亚当·斯密，而"西人译者"应是李提摩太。③
欧洲的文明标准深受亚当·斯密的政治经济学的影响。梁启超深
刻认识到亚当·斯密学说与现代文明世界之间的关联，认为其学
说有"左右世界之力"，是"二百年来欧美各国以富力霸天下、
举环球九万里为白种人一大'玛杰'而推波助澜者"。④ 梁启超
推崇亚当·斯密的学说，深谙"以富力霸天下"的世界秩序的
实质是"生计界之竞争"，经济竞争"是今日地球上一最大问题
也，各国所以亡我者在此，我国之所以争自存者亦当在此"。⑤

---

① 如〔美〕曼素恩（Susan Mann）《张门才女》（2007），罗晓翔译，北京大
　学出版社，2015。

② 梁启超：《论女学》（1897），载中华全国妇女联合会妇女运动历史研究室
　编《中国妇女运动历史资料（1840～1918）》，第75页。

③ 刘慧英：《女权、启蒙与民族国家话语》，人民文学出版社，2013，第23～
　35页。

④ 梁启超：《生计学学说沿革小史》（1902），《饮冰室合集》之文集十二，中
　华书局，1989，第28页。

⑤ 梁启超：《新民说·论进步》，上海商务印书馆，1916，第107页。

国家的"强"源于国民经济之"富"。根据经李提摩太中国化①和通俗化的亚当·斯密理论，国家的"富"与一国之中劳动人口与分食人口——生利者与分利者的比例直接相关。梁启超的生利分利说显然受了李提摩太的影响。② 那么，何为利？何为生利者？为什么梁启超会指责全中国二万万妇女都是分利之人呢？

李提摩太对"何为利"的解释是"有用"："凡人不论作何事，苟不能作货以生财，皆为分利之人。"③ 对照严复和亚当·斯密之文，"作货以生财"才能"有用"的具体内涵就更清楚了。"有用的劳动"和"无用劳动"，实则是指亚当·斯密的 productive labour 和 unproductive labour④，严复意译成"能生之功"和"不生之功"。"功"指的是"labour"，"利"对应亚当·斯密文中的"profit"。生利，即能创造利润的劳动。"生利者"，严复描述为帮助

---

① 李提摩太沿用传教士常用的话语策略，以儒家经典的外壳装西学的新酒。李提摩太套用《大学》中的论述，中国化亚当·斯密之理论，称"生财有大道，生之者众，食之者寡，为之者疾，用之者舒，则财恒足"。这样，就把一国人口简单分成了"生利者"和"分利者"两种人。（〔英〕李提摩太：《生利分利之法一言破万迷说》，《万国公报》1893 年第 51 册。）

② 1893 年李提摩太就在《万国公报》（第 51 册和第 52 册）分别发表了两篇论述分利和生利的文章：《论生利分利之别》和《生利分利之法一言破万迷说》。第二年，上海广学会把这两篇文章编集成册——《生利分利之说》。此册被梁启超收入 1897 年所编的"西政丛书"。梁启超的《论女学》写于 1897 年。另据刘慧英考据，梁启超在 1895 年可能短暂做过李提摩太的秘书（参见刘慧英《女权、启蒙与民族国家话语》，人民文学出版社，2013，第 27 ~ 29 页）。所以，梁启超应该是熟悉李提摩太的生利分利学说的。

③ 缕馨仙史译《论生利分利之别》，《万国公报》1893 年第 52 册。

④ Adam Smith, *An Inquiry into the Nature and Causes of the Wealth of Nations* (1776), p. 181. http://en. wikisource. org.

人赢利的人："今如制造之夫，以其功力被于物材，成器之后，其值遂长。己之生业以进，主人之赢利以多，皆生利者也。"① 亚当·斯密称之为"被雇佣的有用劳动"（who are employed in useful labor）。② 可见，有用的劳动是指能创造交换价值或者说产生剩余价值的雇佣劳动。所以，梁启超所指的"业"是家外的职业。亚当·斯密区分了"劳动"和"生产"两种不同的劳动形式。根据国民与生产的关系，确切地说是国民与利润的关系，亚当·斯密把国民分成"生产性劳动者"（productive labourer）、"非生产性劳动者"（unproductive labourers）以及"不劳动者"。③ 为说明增值的劳动与不增值的劳动之区别，亚当·斯密将制造业工人的劳动与家仆的劳动进行对比。家仆劳动无价值的定位直接反映的是其对家务劳动的看法。以资本主义生产方式作为文明的标准，不仅"劳动"的意义发生了深刻改变，而且出现了劳动的等级。劳动不再是维持个人和家庭生存的生计，也不再是对个人的德性要求。德言容功之"女功"，首先是对女子德性的要求，其次才是对其经济价值和使用价值的考察。只有能产生交换价值的生产性劳动才是有用的劳动。不生产交换价值的劳动，比如家务劳动，尽管仍是劳动，但失去了被珍视的社会价值，与生产性劳动相比，是无价值或低价值的劣等劳动。对照文明的经济标准，我们就能理解为什么在文明的性别标准中，

① 〔英〕斯密亚丹：《原富》，侯官严复几道翻译，南洋公学译书院，部乙，1901，第329页。

② Adam Smith, *An Inquiry into the Nature and Causes of the Wealth of Nations* (1776), p. 181, http：//en. wikisource. org.

③ Adam Smith, *An Inquiry into the Nature and Causes of the Wealth of Nations* (1776), p. 181, http：//en. wikisource. org.

女子在家庭内从事的劳动被视为"劳役"，妻子作为"家务劳苦之贱工"，成为一国未教化之表现。正是在西式文明的经济标准与性别标准下，中国妇女传统的家内劳动的价值消失了，几千年来勤勉于家内劳动的女性成了"全属分利，而无一生利者"① 的无用之人。

1897 年，梁启超发表《论女学》时，借鉴李提摩太的生利分利的二元框架，二万万无家外职业的"无业"女子全部被贴上"分利者"的贬义标签。1902 年，梁启超发表《生计学学说沿革小史》时，应已看到严复所译的《原富》。梁启超也丰富了生利和分利的分析框架，把"生利者"细分成"直接生利者"和"间接生利者"，把"分利者"分成"不劳力而分利者"和"劳动而仍分利者"。在这个复合框架下，梁启超修正了自己在《论女学》（1897）中对二万万女子全属分利之人的看法，认为"妇女全属分利者，斯不通之论也"，承认"女人之生育子女，为对于人群第一义务，无论矣！即其主持家计，司阃以内之事，亦与生计学上分劳之理相合"。② 尽管梁启超承认了家务劳动的价值，但是他转化了家务劳动的意义。"育儿女治家计"已不再是女德与妇功，而是作为服务于生产的间接生利的劳动，只有作为生计学上的"分劳"才具有社会价值。即便如此，他仍把"妇女的一大半"列为"不劳力而分利者"。原因是他认为当时的中国妇女（婚前）无从事室外生利事业者，而（婚后）从事室内生利事业又不够格。"不读书，不识字，不知会计之方，不

① 梁启超：《论女学》（1897），载中华全国妇女联合会妇女运动历史研究室编《中国妇女运动历史资料（1840～1918）》，第 75 页。

② 梁启超：《新民说·论分利生利》，《新民丛报》第 20 号，1902 年 11 月 14 日。

识教子之法。莲步夭娆，不能操作。凡此皆其不适于生利之原因也。"① 在这里，造成莲步的缠足不仅对女国民、国民之母的身体造成影响，而且延伸到对生计、经济造成影响。事实上，在20 世纪 20 年代上海纱厂的招工广告里，确实有工厂特意提出"那些缠足的人"是不符合招聘条件的。②

除了要把能将女子培养成生计之人的现代女子职业教育作为现代女学的主要内容，家政学成为梁氏等先进男性知识分子所倡女学中的一项主要内容，但家政的内容和意义都已不同于传统儒家秩序下的酒食中馈和妇工女红了，而是要用现代的会计和卫生知识主持家务，用现代科学知识教导幼儿。现代文明的经济、政治标准和性别标准，对中国女子提出了看似矛盾的双重要求：成为从事家外生产性劳动的"新女性"和服务于国家的"女国民"；同时，能够为家外的生产性劳动提供完美家政服务的"新贤妻良母"，间接为生利服务的"国民之母"。"女国民"与"国民之母"的矛盾（现在转化为职业妇女家内家外双重负担的问题）在梁启超等维新人士按照现代文明方案向中国输入女权时就已种下了。在国富论的号召下，女人的身体——因其生育力和劳动力被国家征用，成为国家实现"富"（生利之人）和"强"（善种）必需的手段；女人也因其工具性价值，被现代国家发现并重视。而把国中所有的消费性人口改造成生产性人口，有助于国家富强的浪漫主义想象，也在理论上把所有女性驱逐出

---

①　梁启超：《新民说·论分利生利》，《新民丛报》第 20 号，1902 年 11 月 14 日。

②　〔美〕艾米莉·洪尼格：《姐妹们与陌生人：上海棉纱厂女工 1919～1949》，韩慈译，江苏人民出版社，2001。

家庭，把妇女安"身"立"命"之所首先放置在公共领域中。

对生利和国富的追求，也深刻地改变了中国人对"才"和"学"的理解。[①] 欧洲的文明标准，把有助于提高生产力的科学技术水平作为衡量文明程度的标准之一。亚当·斯密的国富论也一再强调国家财富不仅与生利分利之人口比例有关，更重要的是要拥有能帮助生产、创造财富的"益疾益巧之理"。[②] 所以，福

---

① 胡缨：《翻译的传说：中国新女性的形成 1898～1918》，龙瑜宬、彭姗姗译，江苏人民出版社，2009，第 8～10 页。

② 〔英〕斯密亚丹：《原富》，侯官严复几道翻译，"发凡"，南洋公学版本，1901。在 20 世纪初，追求有助于农工商的"益疾益巧"之实用之学，应该是那个时代接受西学的维新人士的共同观念。在《女俗通考》中，林乐知把不知"地伦"视为中国人不够文明的证据。而"不明物理"也被当时为中国人撰写地理教科书的士子视为中国为"半文明"的症候。1902 年，上海商务印书馆出版的《小学万国地理新编》称："人种高下，分为三等：第一曰文明……第二曰半文明，文字义理，稍别于野人。然物理不明，惑于鬼神，笃于守旧，不知变法求新焉。第三曰野蛮……" 1905 年，谢洪赉编纂的《高等小学最新地理教科书》第 3 册中的《文化》一课亦把人分成野蛮之民、半化之民和文明之民。其中半化之民："物理未明，惑于鬼神，笃于旧说，不知变通，俗多鄙陋，是曰半化之民。至人类之最超卓者，工商技艺，穷极精巧……则所谓文明之民也。"谢洪赉是当时官方认可的地理教科书的编撰权威。这本教材到宣统二年（1910 年）已出版了 23 版。邹代钧编写的大学教材《京师大学堂地理学讲义》依据西方文明等级论讲授"社会之等级"，在对"文明国民"的解释中也强调"农工商业，既勤且巧"。可见，有助于农工商业的"巧"的知识，即"实用之学"，是文明社会应该具备的知识的观念，已在接受西学的先进人士中流传了。参见郭双林对晚清中国地理教科书的介绍（郭双林：《西方文明等级论在近代中国的传播——一项以地理教科书为中心的考察》，"全球史视野下的文明论谱系"会议论文，北京，2013。）。

1938 年，蒋廷黻在《中国近代史大纲》如此写道："近百年的中华民族根本只有一个问题，那就是：中国人能近代化吗？能赶上西（转下页注）

泽谕吉把"文学虽盛而研究实用之学的人却很少"作为半开化国家的特征。①梁启超接受了福泽谕吉的观点，也把"文学虽盛，而务实学者少"作为半开化之人的特征。② 西方文明标准中并非不存在对文学艺术的追求，恰恰相反，欧洲的文明标准并没有把艺术和文学排除在外，而晚清中国求富图强的强烈欲求，使维新人士特别强调实用之学和经济上的富强。③

在实用之学的标准下，无助于生计的知识成为无用之学。"批风抹月、拈花弄草，能为伤春惜别之语"的古代才女诗词歌

（接上页注②）洋人吗？能利用科学和机械吗？能废除我们家族和家乡观念而组织一个近代的民族国家吗？能的话，我们民族的前途是光明的；不能的话，我们这个民族是没有前途的。因为在世界上，一切的国家能接受近代文化者必致富强，不能者必遭惨败，毫无例外。"从清末引入文明论，到民国初 20 余年，经历了近半个世纪，蒋氏寥寥数语精炼概括了中国现代化的核心欲求："富""强"——追求民族国家及其相伴的国民之国家意识，以及对科学与机械等实用知识的追求，同时也点明了这种现代化的政治经济标杆是西方的"近代文化"（参见蒋廷黻《中国近代史大纲》，江苏教育出版社，2006，第 2 页。）

① 〔日〕福泽谕吉：《文明论概略》（1875），北京编译社译，商务印书馆，1959，第 11 页。

② 梁启超：《文野三界之别》，《清议报》1899 年第 27 期。

③ 在当时以西方文明标准为指引、追求物质文明的主流声音之外，还是存在批评的另类声音。鲁迅是对西方文明标准以及盲从西方文明论的维新人士最早提出批评的人之一。在《破恶声论》（1908）中，鲁迅批评了西方文明论中"破除迷信"的知识标准，认为信仰是"向上之民"超脱现世的精神需要，是心声和内曜之外在表现。他批评盲从西方文明论的维新人士为"伪士"，喊出了"伪士当去，迷信可存，今日之急"。在《文化偏至论》（1908）中，鲁迅批评了 19 世纪西方文明信奉物质文明为最高准则的文化偏至。汪晖对鲁迅这种"反启蒙主义的启蒙"有着细腻、复杂的分析。参见汪晖《声之善恶：什么是启蒙？——重读鲁迅的〈破恶声论〉》，《开放时代》2010 年第 10 期。

赋的才能已"不能目之为学"。① 传统中国妇女——包括曾经被中国男性文人所珍视的才女——被批评为"无才是德""不学无术"。②"才""学"已经不是古典美学意义上用来抒情铭志的文才诗学，而是必须有助于生利的现代实用之学。梁启超将其定位为："内之以拓其心胸，外之以助其生计。"③ 张竹君是维新人士推崇的女国民新典范，懂医学这类实用之学，创办医院尽服务社会之国民义务，并利用医院推行女学，教其他女子实用之学。马君武在《女士张竹君传》（1902）中，称张竹君批评西方传教士"绝罕提倡泰西格致、政法之学，以益中国"，"而徒日日为灵魂永生之学"，认为"吾辈处争竞极烈之世，非皆有专门之实学，以担任社会公众之义务"。文中还称张竹君信仰男女平等之理，认为女子不能等待男子让权，但女子"争权之术，不外求学"，所求之学，"不当为中国旧日诗词之学，而各勉力研究今日泰西所发明极新之学"。④ 马君武借张竹君这位时代新女性的言行，不仅重申了"实学"的内容，传递了"实学"对于救国的价值，而且试图说明女性接受"实学"对于追求男女平等的价值和意义。

不知是出于话语策略，还是被现代文明启蒙的才女们真的接受了这种自我形象，先进女性开始套用男性文明论者的话语，以

① 梁启超：《论女学》（1897），载中华全国妇女联合会妇女运动历史研究室编《中国妇女运动历史资料（1840～1918）》，第76页。

② 胡缨：《翻译的传说：中国新女性的形成（1898～1918）》，龙瑜宬、彭姗姗译，江苏人民出版社，2009，第8～10页。

③ 梁启超：《论女学》（1897），载中华全国妇女联合会妇女运动历史研究室编《中国妇女运动历史资料（1840～1918）》，第76页。

④ 莫世祥编《马君武集（1900～1919）》，华中师范大学出版社，1991，第2页。

自我归责作为提倡女学和女子获得与男子同等教育的理由。"略通文墨、亦惟吟弄风月，沾沾自喜，绝不足助生计。而遂以块然无用之身，群焉待养于男子。……遍开女塾，使为女子者，咸得广其学识，尽其才能，将中才者，可自谋生计，不必分男子之财，而智慧者且致力于格致，制造以为国家用，化二百兆聋瞽而聪明之，其必大有益于强种富国之道。"中国女子学习的榜样就是想象中的西方女子。（泰西）"女子之学业成就者，为工为商，为医生，为教习，与男子无异。开女子谋生之学，即可减男子分利之忧，而即为国家生利之助。故泰西之富，富于工，富于商，又富于女子自能谋生也。"① 这位女性论者裘毓芳（1871－1904）的观点与措辞和男性论者如出一辙。裘毓芳是中国第一份女报《女学报》的主笔，亦曾是《无锡白话报》的第一主笔。裘毓芳是《无锡白话报》创办人裘廷梁的侄女，精通英文。创刊于维新变法前夜的《无锡白话报》是中国近代史上最早的白话报刊之一，办报之目的就是宣扬维新，以白话报"开民智"。②《无锡白话报》刊载过大量译文，其中不少出自裘毓芳之手。《女学报》亦是维新人士兴女学、为女国民开民智的一个具体实践。裘氏的这篇《论女学堂当与男学堂并重》的文章发表在《女学

---

① 金匮女士裘毓芳梅侣：《论女学堂当与男学堂并重》，《女学报》1898 年第 7 期。载中华全国妇女联合会妇女运动历史研究室编《中国妇女运动历史资料 1840～1918》，第 98～99 页。

② 创刊于 1898 年 5 月 11 日，戊戌变法失败后不久停刊，共出 29 期。《无锡白话报·序》陈述办报缘由："谋国大计，要当尽天下之民而智之"，而"欲民智大启，必自广学校始，不得已而求其次，必自阅报始。报安能人人而阅之，必自白话报始"。

报》第七期。《女学报》的主笔，包括裘毓芳，很多都是男性维
新人士的家眷。裘毓芳在《女学报》上发言支持女学，与男性
维新人士遥相呼应，现在觉得不足为奇，当时却是异乎寻常的
事。用《女学报》另一主笔潘璇的话，"直把戒'外言''内
言'的这块大招牌，这堵旧围墙，竟冲破打通了，堂堂皇皇地
讲论女学；女主笔岂不是中国古来所未有的"①。裘毓芳的背景、
经历和思想说明接受西方文明启蒙的先进女性亦可能接受了对女
性的重新定位，包括对传统旧女性和未来新女性的双重想象性重
构。为了迈向想象中的未来新世界（包括推翻内外旧围墙），这
些先进女性亦可能接受对旧式女子的贬低和否认。女性论者的观
点与男性维新人士呼应，倒也不能看成是夫唱妇随式的近代翻
版，而是这些先进女性的主体性的充分体现。当男性把弱国、病
国的原因推给女性时，女性接下误国罪责，同时接下女性的历史
能动性和历史主体地位。既然能误国亡国，同样就能强国救世，
这自是女性对历史能动性的转化和对女性历史主体地位的确认。
不幸的是，在进化史观的指引下，也为了迈向未来新世界，先进
女性也主动参与到了对"无才是德""分利者""无用之人"的
传统女性刻板形象的建构中。

五　文明中国的方法：倡女权与兴女学

若说文明的性别标准为中国提供了解释亡国、弱种的根源，

---

① 潘璇：《论〈女学报〉难处和中外女子相助的理法》，《女学报》1898 年第
　　3 期，转引自夏晓虹《晚清两份〈女学报〉的前世今生》，《现代中文学
　　刊》2012 年第 1 期。

也就同时提供了强国、保种的方法：文明国家必先文明女子。掌握"进化之机关"①的女子成为维新人士改良中国的切入点。文明女子的方法就是倡导女权。因为在文明论提供的进化路径上，"半文明"的中国处于半道上，走上前行之路只能在前后两个方向一起用力：向后去除旧弊，割断与野蛮时代的关联；向前振兴女权，跨入文明时代的门槛。西方文明论启动了中国的女权话语，并在文明标准的指导下展开女权实践。

女权，是国家文明的象征。1900 年 5 月 11 日的《清议报》发表了署名石川半山的译文《论女权之渐盛》，文章称："西洋列国夙崇女权，其俗视崇女子与否，以判国民文野。"②这无非重申了文明的性别标准，只是把西洋列国的妇女状况概况为"女权"，使女权成为文明国家的象征。有学者考据，"女权"一词在中国的最早登场，是在石川这篇文章发表前几个月，《清议报》刊登的福泽谕吉的《男女交际论》一文的编者按语中。③《男女交际论》正文中并没有出现"女权"一词，

---

① 《论文明先女子》，《东方杂志》1907 年第 4 卷第 10 期，载中华全国妇女联合会妇女运动历史研究室编《中国妇女运动历史资料（1840～1918）》，第 210 页。

② 〔日〕石川半山：《论女权之渐盛》，《清议报》第 47 册、第 48 册连载，1900 年。这篇文章曾在清末广泛流行。蔡元培 1902 年编选《文变》，收录该文。1903 年 4 月刊行的《女报》（2 年二期），也曾重印此文，这也是中文刊物中最早出现"女权"一词的文献之一。参见夏晓虹《晚清文人妇女观》，作家出版社，1995，第 67 页。

③ 〔日〕须藤瑞代：《中国"女权"概念的变迁：清末民初的人权和社会性别》，〔日〕须藤瑞代、姚毅译，社会科学文献出版社，2010，第 18 页；夏晓虹：《晚清文人妇女观》，作家出版社，1995，第 15 页。

该词是在《清议报》的中国编者对福泽谕吉的介绍中出现的："为日本开新学之领袖"，"举国士夫多出其门下"，并称"先生喜言女权"。①根据上下文，当时的编者自是把"男女社交"这一有别于幽闭妇女的传统女俗的行为视为"女权"的表现。福泽谕吉是日本推崇西方文明论的代表人物，他的文明论对梁启超产生了深刻影响。说福泽谕吉"喜言女权"，传递给中国读者的重要信息就是"女权"与"文明"之间的明确关系。

女权，是文明国家的工具。1912 年，伴随恩格斯的《社会主义从空想到科学的发展》一文被译介进中国，恩格斯版的傅立叶名言"在任何社会中，妇女的解放程度是衡量普遍解放的天然尺度"也被介绍进中国。有意思的是，这句话被中国译者意译成"欲谋世界人群之进化，须从男女平权入手"②，再次翻转了结果和手段。与其说译者熟悉傅立叶思想而故意为之，不如说反映了译者所处时代的普遍观念：把"兴女权""男女平权"作为进化之手段和振兴中国之枢纽。晚清论述中不乏把 20 世纪的关键奉为女权革命③，或是把 20 世纪视为"女权时代"④的说法。

女权，在晚清语境中指的是女学。男女交际的问题直到五四

---

① 〔日〕福泽谕吉：《男女交际论》编者序言，《清议报》第 38 号，1900 年（光绪二十六年）2 月 11 日。

② 〔德〕弗勒特立克恩极尔斯《理想社会主义与实行社会主义》，施仁荣译述，《新世界》1912 年第 3 期，第 3 页。

③ 金天翮：《女界钟》(1903)，陈雁编校，上海古籍出版社，2003，第46 页。

④ 吴江女士王寿芝慕欧：《黎里不缠足会缘由》，《警钟日报》1904 年 3 月 13 日，载李又宁、张玉法主编《近代中国女权运动史料（1842～1911)》，台北传记文学社出版，1975，第 867 页。

运动时期才成为热点。在由晚清传教士和中国人创办的女学堂里，从空间设计到教员安排都小心遵循着男女有别的规则。兴女学，是要把未受现代文明启蒙的二万万女子从"惰为游民、顽若土番"的野蛮状态中解救出来，以达"上可相夫、下可教子、近可宜家、远可善种"①的目的。正如上文所剖析的文明的政治－经济标准对于女性的要求，女学的内容就是要依据现代文明的标准文明女子，并通过成为文明之母的女子培育文明。归根结底，兴女学的最终目标是强国。"男女平权，美国斯盛；女学布濩，日本以强；兴国智民，靡不始此。"②在这里，"女学"与"男女平权"互为所指。女学的发达被认为与国家强大存在因果关系："女学最盛者，其国最强，不战而屈人之兵，美是也；女学次盛者，其国次强，英、法、德日本是也；女学衰，母教失，无业众，智民少，国之所存者幸矣。"③郑观应在《致居易斋主人论谈女学校书》（约1892年）④中有与梁启超几乎一模一样的论述。可见，这一观念在晚清并不罕见。

和废缠足的论述一样，中国人兴女学的言论与实践同样是在国族主义的框架下展开的。中国最早的女学堂由传教士兴办，不假于人手的国族主义观念成为激励国人创办自己的女学堂的动

---

① 梁启超：《创设女学堂启》（1897），载中华全国妇女联合会妇女运动历史研究室编《中国妇女运动历史资料（1840~1918）》，第101页。

② 梁启超：《创设女学堂启》（1897），载中华全国妇女联合会妇女运动历史研究室编《中国妇女运动历史资料（1840~1918）》，第102页。

③ 梁启超：《论女学》（1897），载中华全国妇女联合会妇女运动历史研究室编《中国妇女运动历史资料（1840~1918）》，第80页。

④ 郑观应：《致居易斋主人论谈女学校书》，载中华全国妇女联合会妇女运动历史研究室编《中国妇女运动历史资料（1840~1918）》，第83页。

力。"彼士来游，悯吾窘溺，倡建义学，救我童蒙。教会所至，
女塾接轨。……譬犹有子弗鞠，乃仰哺于邻室，有田弗耘，乃假
手于比耦，匪惟先民之恫，抑亦中国之羞也。"[1] 1898 年，经元
善、梁启超等维新人士创办了第一所中国人自己的女学堂——中
国女学堂，实行"中西合参"的办学方针。课程除了"女孝经"
"女四书"等传统女教，还学习英文、算术、地理、图画，兼习
体操、琴学、女红（外国缝纫课）等西学。尽管中国女学堂存
在的时间非常短暂，但是创办者善于利用近代传播技术（报
纸），使女学堂的创办成为一个公共事件，其深远影响可能早已
超出了学堂本身。

现代女子教育——包括女报和女学堂，承载着文明女子、富
强国家的使命，在 20 世纪的中国蓬勃发展。一方面，学校成为
进行国家意识教育、培育女国民的重要场所；另一方面，女子教
育确实为女性成为"自养"的独立之人提供了前所未有的机会。
这也是西方文明方案输入中国后，带给中国女性的双重效应：一
方面，帮助女性摆脱父权、男权家庭，成为独立自主的个体；另
一方面，把女性裹挟进现代民族国家的政治体制和资本主义的经
济体制。

---

① 梁启超：《创设女学堂启》（1897），载中华全国妇女联合会妇女运动历史
研究室编《中国妇女运动历史资料（1840～1918）》，第 101 页。

第三章　文明论指引下的"女权"译介：中国关切和译介中的遮蔽转换

一　译书与强国：马君武"女权"译作的影响

既然女权成为救国之法门，向国人译介女权理论成为救国的当务之急。但是，翻译西方女权理论只是维新人士西学翻译工程的一个部分。正如郑观应称"泰西之强强于学，非强于人也"，"学其所学"①。翻译西学成为救国之术。梁启超称"必以译书成强国第一义"②，"国家欲自强，必多译西书为本，学子欲自立，以多读西书为功"③，相信"天下必先有理论然后有实事。理论者实事之母也"④。

---

① 郑观应：《西学》，《盛世危言》，陈志良选注，辽宁人民出版社，1994，第30页。
② 梁启超：《论译书》（1896），载张品兴等主编《梁启超全集》第一卷，北京出版社，1999，第45页。
③ 梁启超：《西学书目表序例》（1896），载张品兴等主编《梁启超全集》第一卷，北京出版社，1999，第82页。
④ 梁启超：《新民议》（1902），载张品兴等主编《梁启超全集》第三卷，北京出版社，1999，第620页。

马君武所译的约翰·弥勒①和斯宾塞（Herbert Spencer）的女权论述作为当时的当译之本被介绍进中国，为晚清中国的女权论述提供了理论依据，并激励其实践。

马君武（1881–1940），桂林人，曾在家乡上过新式学校，也曾短期游学新加坡，在新加坡遇到康有为及其弟子。1901 年马君武赴日本留学，结识在日本避难的梁启超，曾协助梁启超编纂《译书汇编》和《新民丛报》。估计这一时期马君武的译书热情是受到了梁启超的鼓舞。至于他为什么选择译"女权"篇，有研究者称他受广东女医张竹君言论的影响。② 张竹君受西学教育，并习医学这一实用之学，服务社会和国家，自是马君武倾慕的中国未来新女性的代表。也有学者视马君武所译的斯宾塞、约翰·穆勒之女权著作是梁启超"新民"说的系列助阵作品。③ 梁启超在新民说中呼唤的是开民智的新国民，而张竹君所代表的"持不嫁主义，以为当舍身以担今日国家之义务"的新女性应是马、梁心目中的一类女国民典范。1902 年 5 月《新民丛报》刊登了马君武撰写的《女士张竹君》，不仅盛赞其为"中国之女豪杰"，而且表明要记录张氏言行"以唤起中国二万万睡死腐败妇女之柔魂也"。文中不仅凸显"竹君辄纵言中国男女隔绝之害"

---

① 商务印书馆 1995 年出版的《妇女屈从地位》译成"约翰·穆勒"，马君武译成"弥勒"。清末论述都沿用马氏译法"弥勒"。为尊重原文，此章中的所有引文都按"弥勒"。

② 〔日〕须藤瑞代：《中国"女权"概念的变迁：清末民初的人权和社会性别》，第 52 页；小野和子：《马君武的翻译与日本》，载王政、陈雁主编《百年中国女权思潮研究》，2005。

③ 刘人鹏：《"中国的"女权、翻译的欲望与马君武女权说译介》，台北《近代中国妇女史研究》1999 年第 7 期。

"发明男女所以当平等之理"的言论，而且提到张竹君鼓励以输入西学为"吾侪今日之责任"。① 在文后，马君武附诗二首赠竹君。其中一首："推阐耶仁疗孔疾，娉婷亚魄寄欧魂。女权波浪兼天涌，独立神州树一军。"② 从这首诗中也可窥见马君武翻译西方女权理论的目的：以西方（耶稣）的仁爱治疗孔学带来的疾患，给中国女子的亚洲灵魂灌注欧洲的精神。

夏晓虹视马君武译介的这两篇文章为晚清女权理论之源头，认为马氏译文面世之后，晚清思想界中的各派对于西方女权理论的溯源，由过去的道听途说、众口异词而渐趋一致。③ 马君武译介约翰·穆勒四个月后，中国人自己撰写的第一本鼓吹女权的著作《女界钟》就问世了。须藤瑞代把"女权"一词在20世纪初开始在中国知识界的流行归功于马君武的这两篇女权译作和金天翮④《女界钟》⑤ 的传播⑥。《女界钟》明显受到马君武所译介的两篇"女权"文章的影响和激励。文中的论证方式及例证，很多句式都是直接从斯宾塞和约翰·穆勒两篇"女权"文章中转引甚至照搬

① 原文为："吾侪今日之责任，在输入泰西政法、格致等等美新之学术，殆既审我汉种之文明，果高胜于他族，然后自立之论可起也；既审我汉种之文明，果并驾于欧西，而后排外之论可起也。"（参见莫世祥编《马君武集（1900～1919）》，华中师范大学出版社，1991，第2页。）

② 莫世祥编《马君武集（1900～1919）》，华中师范大学出版社，1991，第1～3页。

③ 夏晓虹：《晚清文人妇女观》，作家出版社，1995，第71页。

④ 金天翮（1874～1947），原名金天翮，字松岑。与章太炎、邹容过从甚密，曾资助出版《革命军》，自是认同文明论。

⑤ 1903年8月由大同书局出版，数月即告售罄，后在日本修订重版。

⑥ 〔日〕须藤瑞代：《中国"女权"概念的变迁：清末民初的人权和社会性别》，〔日〕须藤瑞代、姚毅译，社会科学文献出版社，2010，第51页。

的。特别是《女界钟》之第七节"女子干预政治"几乎是马君武所译约翰·穆勒"女权说"的扩充版，其中添加了斯宾塞对于妇女参政权的辩论理由。正如金天翮自己在"小引"中所称，写作之目的是"接引欧洲文明新鲜之天空气，补益吾身"，同时敲醒尚不知"文明国自由民有所谓男女平权、女子参政之说"的二百兆同胞姐妹。所以，《女界钟》是斯宾塞和穆勒之女权学说应用于中国而结出的一个耀眼的硕果，更确切地说，是晚清流行的各类妇女议题的一个大拼盘。《女界钟》用当时最新的思潮和词汇对晚清维新人士所关注的各类妇女议题进行杂糅和汇总，如：女学、缠足、迷信、装饰、婚姻自由、妇女参政等。文中不仅大量使用"女权"，还大量使用"文明"一词。只是有别于林乐知是西方男人在异域中国培植"文明树"，《女界钟》是中国男人积极主动从西方向中国引进和移植的"文明之树"。①

马君武译作的影响力从清末民初的女权论述的论述方式中也可窥见一斑。清末民初的女权论述经常将斯宾塞、约翰·穆勒两人并提，并把两人列为欧洲女权思想的源头和女权实践的原动力。没有人意识到斯宾塞穆勒对于女权是有所保留的，也没有人探究在这两人之前或同期的欧洲女权思想，只是因为马氏译文中称欧洲男女间革命之原动力是约翰·穆勒之《女人压制论》，以及穆勒为争取妇女参政权而奋斗，于是照本宣科。马君武的这两篇"女权"译作在很大程度上参与塑造了时人对于欧洲女权状

---

① 柳亚子为《女界钟》所写的"后叙"中称："今者弥勒约翰、斯宾塞之学说方渡太平洋而东来，西方空气不自觉而将渗入于珠帘绣阁之中，掬甘露以洒自由之苗，捧乐土以培文明之树。"（载金天翮《女界钟》，第85页。）

况的想象。如金天翮在《女界钟》中把欧洲想象为一个经历“十数革命大活剧”之后“人人有自由权，人人归于平等”的新世界，并把这个美好新世界的创建归功于“卢梭、福禄特尔、黑智尔、约翰弥勒、赫胥黎、斯宾塞之徒之所赐也”；“女权之说虽有弥勒约翰、斯宾塞之徒倡之”；①又如，“自十九世纪以来，若弥勒约翰，若斯宾塞尔，创为‘天赋人权’、‘男女平等’之说，风驰云涌于欧西，于是彼国之中，无论王党政党以及进步、保守、激烈、温和各种党派，几无不有警天动地之女杰，厕乎须眉之列，以扶翼而左右之，其所设慈善之事业，不可枚举，何其壮也”②。国人相信穆勒、斯宾塞的学说具有改变欧洲社会的强大功能，与马君武言之凿凿地介绍穆勒思想“风靡全欧”，已在欧洲造成“人心大变，煽其流潮者随在而是”，而“反对者皆矫舌不能置之一辩”的说辞不无关系。作为理论阐述的穆勒的“女权说”与社会党人的女权实践并列，也让中国读者产生欧洲女权运动欣欣向荣的幻象，从而激发中国追求女权的时代急迫感。当然，也只有相信女权思想与实践在欧洲已发挥作用，才能相信女权思想与实践对于建设未来中国的功用，点燃在中国提倡女权思想与实践的热情。如果说金天翮还只是“接引”西方女权思想与实践，柳亚子（1887－1958）已把穆勒和斯宾塞的女权思想与实践作为解脱中国女界桎梏之钥匙和开启中国女界文明的源头：“海通以来，欧美文明，窈窕之花，将移植于中国，弥勒约翰、斯宾塞之学说，汔船满载，掠太平

---

① 金天翮：《女界钟》（1903），陈雁编校，上海古籍出版社，2003，第1页。

② 孙雄：《论女学宜注重德育》（1906），转引自李又宁、张玉法编《近代中国女权运动史料（1842～1911）》，传记文学社，1975，第624页。

洋而东，我同胞女豪杰亦发愤兴起，相与驱逐以图之，女界文明稍稍启之”①。甚至在马君武译作发表十年之后，曾兰仍把穆勒的“女权说”译成白话，重新发表在成都的《女界报》②，可见马君武所译的女权论著影响之长久、深远。

依其影响力，马君武所译的斯宾塞和穆勒之女权学说确实担起了“当译之本”的历史责任。那么，马君武到底给国人提供了什么样的“女权”？在《女士张竹君》发表后的下半年，1902年11月，马君武发表了《斯宾塞女权篇达尔文物竞篇合刻》，由少年中国学会出版发行。《女权篇》译自斯宾塞发表于1851的 Social Statics 的第16（XVI）章“The Rights of Women”。斯宾塞是清中叶以来追求新学的学者所熟悉并努力译介的对象之一。③ 在马君武1902年翻译斯宾塞1851版的 Social Statics 中的“妇女权利”前，斯宾塞已修正了自己的观点。在1892年的版本④中，斯宾塞删掉了有关女人政治权利的讨论，因为他推翻了自己早期认为男女生理和心理的细小差异不足以构成把妇女排挤

---

① 吴江姓王寿芝慕欧：《黎里不缠足会缘由》，《警钟日报》1904年3月13日，载李又宁、张玉法编《近代中国女权运动史料1842～1911》，台北传记文学出版，1975，第867页。这篇文章被认为是柳亚子捉刀代笔之作，“慕欧”之名就已意味深长地表明其心态。（夏晓虹，1995：71；刘人鹏，1999：7）

② 夏晓虹：《晚清文人妇女观》，作家出版社，1995，第71页。

③ 刘人鹏：《“中国的”女权、翻译的欲望与马君武女权说译介》，《近代中国妇女史研究》1999年第7期。

④ 又一说是1890年，按商务印书馆1999年出版的《社会静力学》的出版说明，作者在1890年鉴于他本人的学术观点和客观情况的发展变化，对全书做了删节压缩，中文版就是根据1890年的版本翻译而来。但无论是1890年还是1892年，可以肯定的是在马君武翻译1851版时，斯宾塞的观点已发生变化了。

出享有平等法律和同等自由的观点。他晚期的观点认为虽然进化可以消泯男女差异，但尚需时日，当前男女的差异足以拒绝女人获得选择权。① 不知是因为身在日本的马君武没有见到体现斯宾塞最新观点的新版本，还是因为 1851 版更符合马君武那个时代的主要关切和译介的目的。当时日本的井上勤也从斯宾塞的 *Social Statics* 一书中单独抽出"妇女权利"一章译成《女权真论》（1881）。据小野和子的考据，马君武是根据英文原版译出的，而不是从日文译过来的。② 即使是 1851 年版本，马君武的译本与英文原版相比，也更突出那个时代中国维新知识分子建构新型民权－民族国家的急切欲求。1903 年《新民丛报》连载三期马君武的《弥勒约翰之学说》。1903 年 4 月期的《新民丛报》刊登了穆勒学说的第二部分《女人压制论》与社会党人的《女权宣言书》。③《女人压制论》并非按原文逐句译出，全文非常简短，是马君武编译的，其中交杂有马君武自己的介绍和评论。此章把斯宾塞 1851 年的版本与马君武的译本进行比对，以发现马氏译本中的遮蔽与转化，了解马君武的关切之处。

二 国族征召女权："女权"译介中的遮蔽和转化

任何翻译都存在跨语际之语境转化的问题。第一，约翰·穆勒和斯宾塞的学说是写给本国人看的，确切地说是写给本国男人看

① 刘人鹏：《"中国的"女权、翻译的欲望与马君武女权说译介》，1999。
② 〔日〕小野和子：《马君武的翻译与日本》载王政、陈雁主编《百年中国女权思潮研究》，复旦大学出版社，2005。
③ 马君武：《弥勒约翰之学说·二女权说（附社会党人女权宣言书）》，《新民丛报》1903 年 30 号。

的。第二，他们尚在用论辩的方式努力说服本国男人们，让本国男人看到剥夺妇女权利的旧俗和法律制度是不正义的。其实，从他们的文章中是无法得出西方社会"崇女权"的结论，因为他们是在批评妇女屈从于男人的法律安排是野蛮时代的遗留。那么，马君武的译文如何让中国人相信被批评的西方社会是文明样板呢？第三，男女平等作为规范两性关系的社会原则还是需要穆勒和斯宾塞努力辩护的，并非马君武在译介时所称的"公理"或"天则"。第四，更为吊诡的是，约翰·穆勒和斯宾塞论女权的主旨是讨论规范两性关系的社会原则。换言之，在西方语境下的"女权"根本无关于国族主义，那么，马君武的译义是如何得出"民权与女权如蝉联跗萼而生"（《女界钟》）的结论呢？金天翮的《女界钟》算是马君武译介的西方女权理论在中国最迅速、最杰出的应用，斯宾塞和穆勒关于女性权利的社会议题为什么在《女界钟》中被置换成了"国民之母""爱国与救世"的政治议题，是金天翮的附会，还是马君武译文中就传递着女权服务国族的信息？若是如此，马君武又是如何使妇女权利——相对于男性、无关国家——的议题服务于改革国家的政治议程呢？

（一）开脱和遮蔽：维护文明之西方

斯宾塞的"女权篇"基本被全文翻译。斯宾塞对于西方社会的批评，包括对于英国法律不许已婚妇女有产业、男子可以殴妻、禁闭妻子的妇女状况，以及英国"莫不以男女同权之说为非"之类的语言出现在译文中，所以才有金天翮在《女界钟》中称19世纪欧洲女人"文明梯级未许共登"的评论。但是，金氏仍认为"女人业已自出手腕，以与男子争已失之权利"及"女权之种子，经春风一嘘拂，既勾萌而甲坼矣"；"今以欧洲女子之发达，比我中国，我中国人其知愧乎？"① 金天翮对欧洲女权状况的确信应与马君武在翻译约翰·穆勒"女权说"一文中对欧洲女权状态的乐观介绍不无关系，同时也说明斯宾塞的"女权篇"并没有给中国读者造成西方女性地位低劣的印象。

在斯宾塞"女权篇"第四节，斯宾塞引用了欧洲文明论中常用的性别标准："That a people's condition may be judged by the treatment which women receive under it, is a remark that has become almost trite。"② 斯宾塞虽然并不否认这一性别标准，但是，这一节旨在批评英国人使用这一标准时的双重态度：用文明的性别标准评判他国，"平讥东方诸国之虐待女人也"③，通过妇女状况暗示东方社会制度不良，但是不用同一个标准衡量自己的社会。斯宾塞批评绝大多数英国人无视本国的法律和习俗中同样存在针对妇女的政治压迫与家庭压迫，不知本国社会制度的安排尚且不良。马君武把斯宾塞的这个评论译成"欲知一国人民之文明程度如何，必以其国待遇女人之情形如何为断，此不易之定例也"，把"may"译成"必"，把斯宾塞颇具讽刺意涵的"trite"（陈词滥调）译成"不易之定理"。可见，马氏是心悦诚服地接受文明的性别标准。伴随马氏女权译本的流传，这一"定例"后来又成为常被清末民初的女权论述引用的警句格言。④ 斯宾塞批评英国人对东方国家的讥讽，马君武却自认"东方社会之规则固不良矣"。原文中根本不存在这句话，是马君武自己的声音。斯

---

① 金天翮：《女界钟》（1903），陈雁编校，上海古籍出版社，2003，第3、7页。

② Herbert Spencer, *Social Statics*（1851），http：//oll. libeityfund. org/titles/273.

③ 莫世祥编《马君武集（1900～1919）》，华中师范大学出版社，1991。

④ 夏晓虹：《晚清文人妇女观》，作家出版社，1995，第68页。

宾塞对英国人的批评，马君武亦为之开脱："吾亦非谓英国国民之性情皆如是也"；"是乃古代遗传专制之风存在于议院及家族之中"；"脱之而未能尽，故有若是之失而不自觉也"。英文原文中不存在第一和第三句话，亦是马氏假托斯宾塞发声，替英国人开脱。

在第六节中，斯宾塞认为随着文明进步，以力压服的人与人之间的关系必会逐渐发生变化，男人与男人之间、主人与家庭雇员之间的关系也变得越来越文明，但是，"我们的法律所承认的婚姻方面的奴役"（the matrimonial servitude which our law recognises）和夫妻间应有的关系之间，有着非常致命地不一致。这句话，马氏轻描淡写地译成："待仆人及友人如是，何独于妻子不然？"在意思上虽无重大差池，但遮蔽了斯宾塞强调的婚姻关系中的奴役状况是英国法律所承认的，是制度之不良，而成了只是文明绅士的态度问题。斯宾塞每每论到妻子对丈夫的屈从，必强调是现存法律支持的，以彰显制度不良，而马君武的译文处理成绅士的"态度"或是残留的"习俗"。同样的省略和转化处理也出现在第五节中，如"后人必有嫌今人之以妻为其夫之奴属，而指此俗为野蛮者，无可疑也"（so may mankind one day loathe that subserviency of wife to husband, which existing laws enjoin）[1]，此处"现存法律"被译成"此俗"。第九节讨论妇女参政权，斯宾塞认为不能以某一个社会里时人的情感（feelings）能否接受某个事实来判断某件事是否正确，而要依据"同等自由"这一原则理性判断事情是否正当。根据这一原则，他列举了土耳其人的面纱，俄罗斯女人

---

① Herbert Spencer, *Social Statics* (1851), http：//oll. libertyfund. org/tittles/ 273.

不许在礼拜堂唱歌，法国曾有一段时间以女人识字为耻，中国女人的缠足都是不正当的事。马君武的译文干脆省略了原文中法国曾视女子无才为德的这个例子。

综上可见，马君武所译斯宾塞的"女权篇"，尽管传递了西方女性仍未完全达到两性平等这个信息，但基本无损于"文明西方"的形象，只是轻描淡写将其处理成西方国家进入文明状态后遗留的无足轻重的旧俗。再加上马氏译文对东方暴君形象的塑造，更是转移了中国读者对西方不良制度的关注。

（二）文明与野蛮：转化为对东方暴君的批判

斯宾塞的论述立足本国，是为改造本国社会，所以，他是在纵向的时间维度内使用"the barbarisms of the past"[①]，把依靠强制力实现的人与人之间的奴役和支配视为过去时代遗留下来的野蛮习俗。也是因为这个理由，他反对女人处于无权利的屈从地位，即使他修正了对于妇女参政权的支持，也仍坚持家庭内部的两性权利平等。马君武改良中国社会的目的使他在翻译中常把"文明"与"野蛮"转化成空间对比：东方是野蛮的，西方是文明的。马氏译文中，对"文明"与"野蛮"两个词的使用多于斯宾塞原文。"野蛮"与"文明"这些词出现时，往往是马氏插入自己声音之处。对于马氏期望的状态，译文中会出现以"文明之世""文明之人民""今日者文明渐盛"等开头的评述。

在第三节，斯宾塞批评当今世界的人们往往利用信仰为自己的私欲辩解，大量列举了古往今来的事例，包括：英国人假托造

---

① Herbert Spencer, *Social Statics* (1851), http: //oll. libertyfund. org/tittles/ 273.

物主令盎格鲁－撒克逊种族占据地球之名，为其海外殖民侵略辩护；奴隶主认为黑人不是人类；回教徒认为女人无灵魂。斯宾塞认为这些都是辩解变成信仰的奇怪例子，归根结底都是自私制造的荒谬信仰。斯宾塞在这一节中旁征博引，是为了说明英国的法律和公众意见支持妇女没有权利，这种观念就像认为女人没有灵魂，是一个易消逝的理论。有意思的是，马氏在奴隶主和回教徒的例子后，添加了一句自己的评论"惟知从欲而已，野蛮国之所谓道理者，莫不如是"，似乎把英国剔除出了因私欲而用信仰为自己辩解遮羞的行列，基本无视上一段落中斯宾塞对于英国殖民的批评。最后，斯宾塞批评英国人的法律和公众意见，认为他们支持妇女没有权利实质只是基于私欲的信仰，是不堪一驳的理论。这个结论被马氏改造成了："吾甚惧其与回教徒主张女人无灵魂之说同科也。"类比转化成了比较，浮现出文明国与野蛮国的对立。马君武偷渡了自己的关切，也拯救了英国的文明形象。

在第五节，斯宾塞批评与强制（force）有关的命令（command）是一种野蛮的欲望，是未开化人的证据。马君武的关切又让他横空插话："野蛮之国视皇帝之敕谕，为神圣不可犯，犯之者诛。在文明之国，直目之为与百姓挑战之书。"斯宾塞只说把一个人的意志强加于另一个人之上，类似于暴君与奴隶的关系。马氏为了凸显东方体制不良，把一个类比修辞转化为对东方的现实描述："东方暴君之对其奴隶，亦莫不用此道也。"在第五节结束时，斯宾塞认为用"同等自由"原则来判断，那么命令就立即显示出是错误的，因为"发布命令者比接受命令者自由多"。马氏特意在此句之后，添加上了自己的评论作为此节结语："盖一人出令使多人从之，则一人得自由，众人失其自由，于是自由不平等矣。由此推验，吾可断定命令之背公理也。"马氏心目中的东方专制君主的形象跃然浮现。另外他把斯宾塞论证的最后落脚点——女性屈从男性的法律安排是不正当的，偷换成了对东方式专制君主制度的批判。

（三）凸显政治权：彰显女性国民身份，建构国民国家

对于斯宾塞而言，女人拥有参政权是因为符合同等自由原则，有利于人的最大幸福（第九节）。约翰·穆勒把妇女参政权放在职业平等（接纳妇女到一切至关重要的职业中）的问题上来讨论的。在选举权的问题上，穆勒认为："选择将统治自己的人时表示自己的意见，是每个人应有的自卫手段……妇女被认为是适合有这种选择的。"[1] 可见，两人都是从个人自由的角度为妇女的参政权辩护。

较之斯宾塞和穆勒的论述，马氏对妇女政治权的支持显得更为激进，他把参政权提高到人之为人的本质高度。比如在斯宾塞的"女权篇"第九节中，斯宾塞从古今各国妇女身处公私两个领域的例子说明世上的习惯如此不同，因而既不能判定何是妇女适宜的领域，也不能依由情感支配的惯习来判断，而需依"同等自由"原则进行理性判断。马氏把"sphere"译成"身份"，虽说曲译，倒也合意。斯宾塞之目的是要否定私域是妇女适宜领域的陈腐观点，但也无意给妇女适合哪个领域下结论。马氏为了凸显政治权的重要性，在段末言辞确凿地添加了一句"吾敢昌言曰：是等等者皆非女人之真身分。女人之真身分，固不可不操政治上之特权也"。前文也提到斯宾塞修订了他对女子参政权的

---

[1] 〔英〕约翰·斯图尔特·穆勒：《妇女的屈从地位》（1869），汪溪译，商务印书馆，1995，第303页。

看法，但马君武所译的仍是斯宾塞支持妇女参政权的版本。结合约翰·穆勒一文，也许可以更好地解释马氏为什么如此重视妇女的参政权，以及马氏参政权之含义。

马君武对妇女的公权（政治权）的支持不是因为女性的自由权利，而是强调女性的国民身份（即所谓“真身份”），召唤女性的国民责任。马氏在介绍约翰·穆勒“女权说”之前，开篇明义：“欧洲所以有今日之文明者，皆自二大革命来也。二大革命者何？曰：君臣间之革命，曰男女间革命。”这句论断并非出自约翰·穆勒的《女人压制论》，而是马氏陈述自己介绍穆勒“女权说”的理由。马君武把穆勒的《女人压制论》概括为五个要点，虽自称是“全书之要理”，实则只是介绍了穆勒对妇女政治权的支持。在第五条中马氏点明了女人拥有政治权在于“女人遂能与国相直接而有国民之责任也”。① 在介绍完穆勒之“女权说”和《社会党人女权宣言书》之后，文章结尾处马氏阐明了自己提倡妇女公权的原因在于妇女公权与创立新型现代国家之间的关系：“凡一国而为专制之国也，其国中一家亦必专制焉。凡一国之人民而为君主之奴仆也，其国中之女人亦必当为男人之奴仆也。二者常若影之相形，不相离也。人民为君主之奴仆，女人为男人之奴仆，则其国为无人。无人之国，不国也。苟欲国之，必自革命始，必自革命以致其国中之人，若男人，若女人，皆有同等之公权。”马氏所译的斯宾塞“女权篇”第四节中也有类似的论述：“欲知其国民政治之组织如何，于其国中之一家可

---

① 马君武：《女权说（附社会党人〈女权宣言书〉）》，载莫世详编《马君武集（1900～1919）》，华中师范大学出版社，1991，第143页。

见之。其国而专制也，虽其中之任一家族必亦专制，二者并立而不相离。"斯宾塞是在妇女地位表征国家文明状况的观察标准上而言的，强调的是家庭专制与国家专制的"并立不相离"的相关性，并无因果关系。对于马君武，这两个领域并非"并立"，而是有着因果关联：创建民权国家——女子获得公权、成为新国民——是女子摆脱家庭专制的必要前提条件。当时中国的女子几乎都生活在家庭内，所以女子争权利、反对国家压制与反对家庭专制是同一回事。[①] 丁初我在 1904 年 4 月的《女子世界》第四期发表《女子家庭革命说》称："女权与民权为直接之关系，而非有离二之问题。欲造国先造家，欲生国民先生女子。政治之革命以争国民全体之自由，家庭之革命以争国民个人之自由。其目的同。政治之革命由君主法律直接之压制而已。女子家庭之革命，由君主法律间接之压制而已。其原因同。"简言之，一切的根源都在于君主法律。尽管在革命秩序上，丁初我仍认为"家国革命之先后并无秩序之可言"。金天翮在《女界钟》中更为明确地把专制君主的法律列为压制女权的原因，"至于女权之剥削，则半自野蛮时代圣贤之垂训，半由专制世界君主之立法使然"。[②] 当然，这两位作者是把根源指向专制的国体形式和君主之立法，而不是君

[①] 后来由男性主导的五四青年的"反封建"话语，把反家庭专制的重心落在父 - 子关系上，反对父家长制，而遗落了对家庭中男 - 女关系的检讨。虽是后话，但这种盲视和遮蔽却在清末民初维新人士引介女权时就已种下。接受马君武思想影响的金天翮和丁初我把这种因果关系展现得更清晰明确。在清末女权论述中，彰显与重视对男女间关系重构的是何（殷）震在无政府主义框架下的"女界革命"的论述，参见本书第四章。

[②] 金天翮：《女界钟》(1903)，陈雁编校，上海古籍出版社，2003，第 48 页。

主本身或是君主政体，这与当时维新的目标还限制在建构一个以民权为基础的国民－国家，而不是民主政体有关。

马君武把获得公权、成为新国民作为成"人"的必要条件。"无人之国，不国"，既否定了专制王权国家的合法性，也指出"成国"的必要条件。专制制度下的人非"人"：按照当时文明的"人"观，拥有天赋之权的人才算拥有了"人"的资格，专制制度下的人被视为奴隶，没有自主性，没有权利，所以"非人"也。创建新国家，不仅是个人成为"人"的前提条件，也是中国恢复国家资格的需要。成"人"和建"国"，如车之两轮、鸟之两翼，须臾不可分。马君武的说法也没有错：从女权的角度，女子拥有"人"的资格，确实需要现代国民－国家的救赎；从社会－政治结构的角度讲，传统儒家秩序里没有独立的个体人概念，都是在人伦秩序中界定"人"。女子未嫁时，相对于父母为女，与同辈人互为兄弟姐妹；出嫁后，相对于丈夫为妻，相对于公婆为媳；生儿育女后，相对于儿女为母。"国民"和"女权"都需要以个体作为基本单位。国民国家对家国国家的替换，使个人（包括女子）从家庭结构中脱嵌。国民身份赋予"人"独立个体的身份。① 所以，女权只能通过主动加入推翻旧的国家形式、建立新的现代国民国家的行动中才有存在的可能。直白地说，女权只能存在于国民－国家这种国家形式下。尽管"国民"与"国家"是一个互相生成的关系，但是在晚清，历史

---

① 个体人的确立，在知识观念层面上，依托近代生物科学和生物人观念的确立；在政治社会层面，需要依赖国民－国家的结构。在这个意义上，国民是由国家创造的。参见宋少鹏《清末民初"女性"观念的建构》，《中国现代文学研究丛刊》2012 年第 5 期。

的首要任务或者说维新人士首先关注的是建立新型国家，而非"国民"——男人或女人的个人自由。反过来，召唤独立自主的国民却是创建新型国家的一个必要环节。为此，早在马君武译文发表之前，梁启超根据国民与国家的互相生成关系，批评中国人不知有"国民"。1899 年，梁启超在《论近世国民竞争之大势及中国前途》①中称，数千年来通行之语，只有以"国家"二字并称者，未闻有以"国民"二字并称者。他认为古代国家起源于家族，"国家"这个名字就是以国为一家私产之称。现代的国家应该是"国者积民而成，舍民之外，则无有国"。所谓"国民者，以国为人民公产之称也"。在马君武译文发表四个月后出版《女界钟》的金天翮，区分"国民"与"万姓"，悲叹中国无国民。"国于天地，必有与立。与立者，国民之谓也。……今吾中国，国民之称其无有矣，其代名词则万姓是也。"梁启超、马君武、金天翮的国家、国民思想实质上是相互应和的。为了建立文明的新国家，梁启超写了一系列的"新民说"，培育新国民；马君武译"女权篇"培育女国民，作为"新民说"的助阵作品；金天翮把马氏译文中国化，敲"女界钟"为中国四万万民众说法。

对于接受文明论的维新人士而言，创建民权国家，不仅因为民权国家是文明的政治体制的形式标准，更在于这种国家形式有利于国家的强大。由"君相之私产"变为"国民之公器"时，能召唤出国民的主人翁意识，培育民众的爱国之心。而专制君主国家的形式被认为阻碍国家强大，因为专制君主国家视国家为一

---

① 梁启超：《论近世国民竞争之大势及中国前途》（1899），《饮冰室合集》文集之四，中华书局，1989，第 56 页。

家之私产，国家的统治者即使是"徇公废私"的圣君贤相，也因为"一国之大，鞭长难及，其泽之真能遍逮者，固已希矣"。① 更要命的是，专制之害在于"专制久而民性漓"。人民不以国民自居，而"自居于奴隶盗贼"，把国家视为"君相之国"，"其事其权，其荣其耻，皆视为度外之事"②，"人人不自有其国"，"不顾公益"，最终造成"群治不进"③ "斯国亡矣"④ 之恶果。梁启超认为只有民众意识到自己是国民，国家属于自己，民众才会像爱自己小家一样发自内心、自觉自愿地去爱国家，去尽对国家之责任义务，这样才会有助于国家之强大。当然，这里有必要区分"民权"与"民主"。面对当时保守派对于民权会造成君权旁落的指责⑤，

---

① 梁启超：《新民说·论进步》，《饮冰室合集》专集之四，中华书局，1989，第 59 页。

② 梁启超：《爱国论》（1899），《饮冰室合集》文集之三，中华书局，1989，第 69 页。

③ 梁启超《新民说·论进步》，《饮冰室合集》专集之四，中华书局，1989，第 58 页。

④ 梁启超：《爱国论》（1899），《饮冰室合集》文集之三，中华书局，1989，第 69 页。

⑤ 比如张之洞在《劝学篇》（1898 年 4 月）中，把三纲五伦作为"中国之为中国"的本质特征，从君为臣纲出发，称"民权之说不可行"。对于"民权"这个语义尚未稳定的新词，张氏是从主 - 谓结构的古典汉语的组词方式来理解其含义的，把"民权"理解为"民揽其权"，而与"君权"相对抗。张之洞称"考外洋民权之说所由来，其意不过曰国有议院，民间可以发公论、达众情而已，但欲民申其情，非欲民揽其权。译者变其文曰'民权'"，"近日摭拾西说者甚至谓人人有自主之权，益为怪妄"。他认为议院作为"发公论、达众情"之所，中国就有"廷臣会议""绅局公议"，绅民还可以上书，所以，"民权不可僭，公议不可无"。梁启超的《爱国论》写于 1899 年 2 月，明显是在回应张氏之类的观点。

梁启超区分了"民权"与"民主"。维新派强调的是民权，而非民主。前者是强调国家的所有权，后者指国家的治理形式。维新人士反专制的目的是为增强国力、建立起以民权为国基的现代国民－国家，而不是追求对抗"君治"的政体形式。民权之国有利于培植民力，"国非能自强也，必民智开，然后能强焉，必民力萃，然后能强焉"①。民力是国力强大的来源，所以，兴民权不仅与"保国尊皇之政策"相容，而且"今惟以民权之故，而国基之巩固，君位之尊荣，视前此加数倍焉"②。女权，作为民权的一部分，被男性维新人士所重视，也因为女权对于国权的作用，女权被纳入服务于巩固国权的急迫事业中。金天翮在《女界钟》之第六节"女子之权利"中，解释自己为什么要提倡恢复女子六项私权③，就是因为私权有助于巩固国权："民权昌而后君权荣、国权固。"④ 反过来，"自女权不昌，而后民权堕落，国权沦丧。……今日为中国计，舍振兴女学，提倡女权之外，其何以哉？"⑤

当然，对专制国家形式的摒弃，同样也与文明的标准和文明

---

① 梁启超：《爱国论》（1899），《饮冰室合集》文集之三，中华书局，1989，第68页。

② 梁启超：《爱国论》（1899），《饮冰室合集》文集之三，中华书局，1989，第77页。

③ 金天翮提倡首当恢复女子六项私权：入学之权利、交友之权利、营业之权利、掌握财产之权利、婚姻自由之权利。

④ 金天翮：《女界钟》（1903），陈雁编校，上海古籍出版社，2003，第54页。

⑤ 金一：《〈女子世界〉发刊词》，《女子世界》第一期，1904年1月17日，中华全国妇女联合会妇女运动历史研究室编《中国妇女运动历史资料（1840～1918）》，第290页。

的等级密切相关。在文明等级中，自由体制是文明的象征，自由的对立面是专制，专制体制是野蛮的象征。马君武在自己所译的穆勒的《自由原理》（1903）中，将"文明野蛮与自由之关系"标题具体表述为："其国之文明野蛮，恒视其民所得自由之多寡为断。"① 又如梁启超在《新民说·论公德》（1902）中根据进化史观来谈论道德的历史性，列举自由和专制分属于文明与野蛮两个时代，称"自由之制，在今日为至美，然移之于野蛮未开之群，则为至恶。专制之治，在古代为至美，然移之于文明开化之群，则为至恶"。"自由之制"与"专制之治"不仅是古、今的时间概念，而且是文明与野蛮的质的差别。在这幅人类历史的进化图中，专制君主国家不仅失去了国体形式的政治正当性，也失去了道德正当性。

综上，马君武所特别彰显、放大的女子政治权，并非是穆勒所称的作为职业平等的参政权，亦非自己选择统治者的自由权利，而是女性的国民身份以及"能与国相直接而有国民之责任"的政治权利。而女子（男子）担起国民责任，中国开始拥有近代国家资格，也意味着中国"脱出古昔之习俗，洗净野蛮人之污染"。② 也正是在这个意义上，马君武把女人无政治权称为"野蛮之俗，非文明之则也"。③

---

① 莫世祥编《马君武集（1900～1919）》，华中师范大学出版社，1991，第31页。
② 马君武：《女权说（附社会党人〈女权宣言书〉）》，莫世祥编《马君武集（1900～1919）》，华中师范大学出版社，1991，第143页。
③ 马君武：《女权说（附社会党人〈女权宣言书〉）》，莫世祥编《马君武集（1900～1919）》，华中师范大学出版社，1991，第145页。

（四）置换女权理论地基：将"同等自由"置换为"天赋人权"，"自主"转化为"责任"，女权服务国家

斯宾塞与穆勒都是从自由原则出发论证男女权利平等的正当性。穆勒认为权利平等的正当性在于"人不再是生而即有其生活地位并不可改变地被钉在那个位置上，而是可以自由地运用其才能和有利的机会去获取他们最期望的命运"。[①] 斯宾塞也认为权利就是实践个人才能的自由（freedom to exercise the faculties）。这两位论者把女权的理论基础定位在"同等自由原则（the law of equal freedom）"上。马氏将其译为"平等之自由"（第一节、第五节），有时译作"平等自由之例"（第九节）、"平等自由之天则"（第九节、第十节）。本非误译，只是"平等自由"这种句式，在中文中极易被误解为"平等"和"自由"两个并列原则。《女界钟》作为中国化马氏译文思想最早和最快的版本，金天翮基本掌握了"自由起而后平权立"的理论逻辑，"自由与平权为孪生之儿，自由特早一时而生者也"。[②] 但在其后马氏女权理论的传播中，"自由"一词不见踪影，演化为"天赋人权""男女平等"，女权的正当性则来自于天赋人权。比如，1904 年 6 月《女子世界》第 7 期的"论说"发表了一篇署名"亚特"的文章："十九世纪，如弥勒约翰、斯宾塞尔天赋人权男女平等之学说，既风驰云涌于欧西，今乃挟其潮流，经太平洋汩汩而来。西方新空气，行将渗漏于我女子世界，灌溉自由苗培泽爱之花，则我女子世界发达之一日，即为我国民母发达之一日。"按此文的

---

① 〔英〕约翰·穆勒：《妇女的屈从地位》（1869），商务印书馆，第 269 页。
② 金天翮：《女界钟》（1903），陈雁编校，上海古籍出版社，2003，第 79 页。

逻辑，是"天赋人权"培植了女子"自由"。1907 年《东方杂志》第七期中一篇讨论女学教育方针的文章《论女学宜先定教科宗旨》也称："十九世纪以前，欧美澳诸国女学，均主贤母良妻派，自弥勒约翰辈天赋人权、男女平等之说大行而后，各国女学方针，为之一变。"① 从这两篇文章的表述来看，无疑都受马氏译文的影响。可见在传播中，与"男女平等"观念相提并论的是"天赋人权"，而非"平等之自由"。女权思想的道德基础是"平等"而非"自由"，是读者的误读还是传播中的信息扭曲？抑或两者是内涵一致的同义互换？

细读马氏译文，显然存在"天赋人权"的思想印迹。斯宾塞一文因为是全文翻译，"同等自由"的字样仍清晰可见。但在穆勒那篇文章的后部，介绍社会党人的女权宣言时，马君武赫然是以"天赋人权"作为女权的理论地基："何为一人，则必有其人之权焉，为世人所公认，为法律所保护。不如是者，不能名之人。夫人有一切权利及一切义务也，原于有生，根于人类本然之道德。盖人之所以自别于其他之下等畜类，惟在于是。盖以独立不羁、有完全个人权之女人，屈为奴隶，必致缺损其天职，塞其能力，废堕其工事，此人所易知也。"② 把"权利"视为人之为"人"的本质界定，天赋人权，并非马君武所首倡，应是维新人士共持的一套全新的政治观念。在马君武译文发表前，梁启超、康有为就表达过相似的人观和权利观。在梁启超 1899 年发表的

---

① 李又宁、张玉法编《近代中国女权运动史料（1842～1911）》，传记文学社，1975，第 653 页。

② 莫世祥编《马君武集（1900～1919）》，华中师范大学出版社，1991，第 144～145 页。

《爱国论》中，已出现"天赋人权"一词。[①] 1901 年，梁启超在《十种德性相反相成义》中论证自由与制裁之辩证关系，把生命和权利视为人的本质构成。"凡人所以为人者，有两大要件，一曰生命，二曰权利。二者缺一，时乃非人。"生命只是人的形式，权利才是人的精神内核。康有为（1902）在《大同书》中称："人者天所生也，有是身体即有其权利，侵权者谓之侵天权。让权者谓之失天职。"[②] 男女都是人，都拥有人的权利，所以，女权很容易在天赋人权的逻辑中获得正当性。也就是说，在马君武翻译斯宾塞和穆勒的两篇"女权说"前，把女权正当性的道德源头根植于天赋人权的想法，即使不算流行，也应是维新人士中已经存在的观念。

1902 年，马君武翻译完斯宾塞的"女权篇"后，大约在当年 11 月，闭门 20 天翻译了约翰·穆勒的《自由原理》（*On Liberty*，1859），并自称两年前就读译过穆勒的这本书。[③] 1903 年，他在《新民丛报》连载介绍"弥勒约翰思想之学说"，第一部分就是介绍穆勒的"自由说"，第二部分才是介绍穆勒的"女权说"。马君武自述急译穆勒《自由原理》的原因是"近日自由之新名词已渡入中国，而其原理未明，遂多有鳃鳃然虑其有流弊者。欧文书善阐释自由之原理者，莫如此书"[④]。按照马君武自己的说法，他比时人更熟悉也更好地理解了"自由"的含义。

[①]　梁启超：《爱国论》（1899），《饮冰室合集》文集之三，中华书局，1989，第 68 页。

[②]　康有为：《大同书》，上海古籍出版社，2005，第 125 页。

[③]　莫世祥编《马君武集（1900~1919）》，华中师范大学出版社，1991，第 27 页。

[④]　莫世祥编《马君武集（1900~1919）》，华中师范大学出版社，1991，第 27 页。

既然马君武非常熟悉"权利（天赋人权）"和"自由"这两个概念，那么就需要追问：马君武为什么用"天赋人权"替代"同等自由"？在晚清维新人士的思想观念中，难道"天赋人权"与"同等自由"是可替换的同义概念？到底他们是怎么理解"权利"和"自由"的？为什么强调个人权利的天赋人权的权利观念，在中国语境下却推导出国族框架下的责任（义务）平等，而不是积极实践个人权利的自由观呢？为什么近代中国的女权论述会彰显平等，而不是自由？这种转换是怎么实现的？

马君武在《自由原理》的总论中，对"自由"的定义是："自由者，不可驳议之名义也（谓人必当各有其自由无疑）。"同样译过穆勒 *On Liberty*（中文名《群己权界论》）的严复认为："夫自由一言，真中国历古圣贤之所深畏，而从未尝立以为教者也。彼西人之言曰：唯天生民，各具赋畀，得自由者乃为全受，故人人各得自由，国国各得自由，第务令毋相侵损而已。侵人自由者，斯为逆天理，贼人道，其杀人伤人及盗蚀人财物，皆侵人自由之极致也。故侵人自由，虽国君不能，而其刑禁章条，要皆为此设耳。"[①]从两位译者对自由的译介中，我们试着捋出晚清士子观念中"自由"的几个特征。

第一，"自由"的内核是"自主"。"自主"和"自由"的语义应按照古典汉语主－谓结构的组词方式来理解：自－由，即不受约束，由着自己；自－主，自己做主。在清末，"liberty"与"自由"的对应关系还未稳定。张之洞就曾经在《劝学篇》

---

① 严复：《论世变之亟》，《严复集》第 1 册，中华书局，1986 年版，1986，第 3 页。

（1898）中对用"自－由"对译"liberty"提出过异议，称："至外国今有自由党，西语实曰'里勃而特'，犹言事事公道，于众有益，译为'公论党'可也，译为'自由'非也。"撇开"liberty"的确切内涵到底应是什么，张之洞确实是按主－谓结构的古典汉语来解读"自－由"。他从自己的政治立场出发，批评"近日摭拾西说者甚至谓人人有自主之权，益为怪妄"。对"自主"的正反不同的看法，恰恰有力证明了按古典汉语主谓结构理解"自－由"和"自－主"是时人共有的认识。

第二，自由关切"权界"，而非自由或自主的内容。最经典的例子，自然是严复把穆勒的 *On Liberty* 译成《群己权界论》。对自由的界定，马氏之"各有其自由""不可驳议"与严氏"各具赋界""毋相侵损"是异曲同工，两者都强调自由之天赋性与不可被他人侵扰的自主性。这种理解也应是时人的共识，又如，"自由者不为人所拘束之义也，其意为人各有身，身各自由，为上者不能压抑之，束缚之也"①。对边界的关注也体现在马君武所译斯宾塞的"女权篇"里："女人既有一定之权，男人既以前日所侵之权与之，男女之权，秩然有限，各守其界，不相侵越。"② 斯宾塞原文没有强调边界，而是诉诸同理心，讨论在男女平权后的未来世界会不会存在男女间的竞争。斯宾塞相信维护自己权利的同样情感以及适当的同伴感，会使人尊重同伴，关心同伴的权利。而马氏的译文却是强调各守其界，互不相侵，显然体现的也是

---

① 黄遵宪：《日本国志》卷三十七《礼俗志》四，天津人民出版社，2005。
② 莫世祥编《马君武集（1900～1919）》，华中师范大学出版社，1991，第24～25页。

马君武的中国式关切。当然，马君武在此处使用的是"权利"。权利边界与自由边界似同义，但对权界的关注是对自主性的维护。

第三，自由天赋，"人"之规定。"天赋自由"与"天赋人权"是可互换的同义词，两者都是作为人之为人的本质规定，具有不可剥夺性。比如，"各行其是，是谓自主。自主之权，赋之于天"①，指自由之天赋。马君武在《弥勒约翰之学说》（1903）中对自由的介绍，把"自由"与"生命"并提，"自由之与生命二者不可须臾相离"。② 梁启超多次把"权利"与"生命"并提，将权利上升为人的本体规定。③ 1901 年，梁启超在《十种德性相反相成义》中对"自由"、"权利"、"生命"与"人"的关系之联结表述，可以让我们更好地把握与理解它们之间的关系："自由者，权利之表证也。凡人所以为人者有二大要件，一曰生命，二曰权利，二者缺一，时乃非人。故自由者亦精神界之生命也。文明国民每不惜掷多少形质界之生命，以易此精神界之生命，为其重也。"④ 这里透露出在晚清维新人士的概念世界里，"权利"与"自由"几乎是同一个所指。作为天赋的"自由"和"人权"，是人之为人的本体规定。与"人"相对的是奴隶或禽兽，奴隶和禽兽都具有形而下的肉身，但缺少"自由"和"权利"

---

① 《新政真诠——何启·胡礼垣集》，郑大华点校，辽宁人民出版社，1994，第 419 页。

② 莫世祥编《马君武集（1900~1919）》，华中师范大学出版社，1991，第 135 页。

③ 梁启超：《十种德性相反相成之义·自由与制裁》（1901），《饮冰室合集》文集之五，中华书局，1989，第 45 页；《新民说·论权利思想》（1902），《饮冰室合集》专集之四，中华书局，1989，第 31 页。

④ 梁启超：《十种德性相反相成义·自由与制裁》（1901），《饮冰室合集》文集之五，中华书局，1989，第 45 页。

作为形而上的精神内核，所以，人之为人的本质在于形而上的精神特质。梁启超以"奴隶"作为"自由"的对立面来界定自由，"自由者，奴隶之对待也"①。金天翮以"奴隶"作为失去权利之人的对立面，"权利者主权之谓也。反主则为奴"②。主权——自主之权。奴隶——没有自主权的人。新文化运动中，时人对"人"之人格的追求同样延续"奴隶非人"的逻辑。出于同一逻辑，金天翮称"权利者，伴自由而生者"；③梁启超将"自由"与"权利"并称，视"自由""权利"为"天赋人道"。④

第四，历史语境的差异，决定了权利与自由的不同表里组合。"权利"与"自由"这两个概念确实存在着某种贯通性，但是斯宾塞、约翰·穆勒与马君武等所处的历史语境不同，他们的关切点也不同，造成了他们在处理"权利"与"自由"的关系时，所用的方式是不同的。在斯宾塞和约翰·穆勒的世界里，没有建立新国家和新政体的需求，对女权的讨论是在既存的民权国家的框架内，讨论的纯粹是两性之间的规范性关系。斯宾塞和穆勒从自由出发来界定权利，把权利界定为运用自己才能的自由和追求自己生活的自由。对于他们而言，权利的实质是自由，男女平权也就意味着男女拥有相同的行动自由。自由是内容，权利是表征。同等自由是因，平等权利是果，而文明是实现自由和平权

---

① 梁启超：《新民说·论自由》，《饮冰室合集》专集之四，中华书局，1989，第40页。

② 金天翮：《女界钟》（1903），陈雁编校，上海古籍出版社，2003，第50页。

③ 金天翮：《女界钟》（1903），陈雁编校，上海古籍出版社，2003，第53页。

④ 梁启超：《爱国论》（1899）。原文为："西儒之言曰：'侵犯人自由权利者，为万恶之最，而自弃其自由权利者，恶亦如之。'盖其损害天赋之人道一也。"

的前提条件。随着社会文明程度的进化，女性对自己所享有的权利有了明确认识，而男人也有了高尚的情感，能够许给妇女跟他们同样的自由，从而使男女拥有相同的权利（斯宾塞"女权篇"第8节）。对于维新派而言，权利是内容，自由是表征（如梁启超明确称"自由者，权利之表证也"）。自由与自主是通向文明的手段，文明是自由之果。正是基于不同的历史语境和时代关切，马氏将斯宾塞的原文译成"男女同权之理大明，自由极固，社会进于文明"。可见，马君武是在自己的概念世界和历史语境中重组了斯宾塞的译文，传递和彰显自己的时代关切。

第五，自主贯通权利、自由和平等。在晚清语境下，"权利"的内涵，既包括权势和利益的古典含义，又有自主性之现代西式含义。前者的实质是权利的内容，后者的实质是强调权利实现的资格和条件。甲午之后，维新知识分子更多地在"自主性"层面使用"权"和"权利"，强调国家的自主之权①和个人的自主之权②。马君武也是在双重含义上使用"权利"一词。比

———————————

① 把"right"译成"权利"，自主性作为权利的基本内核，最先出现在《万国公法》中，多指拥有权利的国家是自主之国。甲午之后，国家自主意识得到激发，代表自主意识的"权"的使用频率急剧增加。（参见金观涛、刘青峰《观念史研究：中国现代重要政治术语的形成》，法律出版社，2009，第117页。）

② 最早向中国人介绍个人"自主之权"的书是德国传教士郭士立（Karl Friedrich August Gutzlaff, 1803－1851）主编的《东西洋考每月统计传》，参见金观涛、刘青峰《观念史研究：中国现代重要政治术语的形成》，第115~123页。张之洞在《劝学篇》（1898）里也说过："人人有自主之权……语出于彼教之书。"康有为早在《实理公法全书》（大约成书于1891年）中，就从"人各分原质以为人，及各具一魂"的实理中推出"人有自主之权"的几何公理。

如，在斯宾塞"女权篇"中，"女人既有一定之权，男人既以前日所侵之权与之"，能给予的"一定之权"似乎是某种具体之物，是指权利的实质内容，而拥有权利的人是独立自主的人，如前文所引的"何为一人，则必有其人之权焉"。梁启超也有类似的说法："是故权利之为物，必有甲焉先放弃之。"① 马君武对于权利边界的重视，强调的是权利的自主性。时人对"权利"的理解侧重"自主性"与晚清特定的历史情境相关。新国家和新政体尚在构想阶段，国家框架内个人的各项具体权利还处在想象阶段，并不急需，想想也就可以了。但对自主性资格的追求，却是当务之急。对外，中国要在列强环伺的新世界格局中找回国家的独立和自主；对内，要用自立自强强健每一个国民，从而强大整个国家。梁启超等对于"新国民"的召唤，重心就是重造独立自主之个体。

平等也需以自主为内核，因为只有自主的人才享有平等。人与奴隶的区别，在于人是自主和自立的，不从属于任何人，从而是人人平等的。换言之，平等同样需要自主和独立来做保障。比如，康有为认为平等首先意味着每个人要成为"自立自主自由之人"。② 如果说，权利与自由互为表里，体现于个人身上，那么，平等，涉及人与人之间的关系，群体中的每个人都是独立和自主的，每个人自然是平等的。所以，在晚清维新人士的概念世界中，权利、自由、平等这些抽象概念都归向"自主"（独立）这一具体诉求。这种诉求与寻求与使个体从传统儒家

---

① 梁启超：《新民说·论权利思想》，《饮冰室合集》专集之四，中华书局，1989，第31页。

② 康有为：《大同书》，上海古籍出版社，2005，第129页。

秩序中脱嵌的需求是一致的，是为建立全新的国家与社会体系寻找基本组成元素。金天翮在奉献给中国"女权"的"文明之花圈"上，张贴的就是"独立、自由、平等三色之徽贴"。① 金天翮脑中的这幅幻景非常贴切、形象，"权利"（女权）、"自主"（独立）、"自由"、"平等"这四个相通又各有侧重的概念共同组成"文明"世界的图景。

第六，"自主"的保障是"责任"，将个人权利转化成国民责任。晚清中国国家主权渐失的特定历史环境，使维新人士极力凸显"权利"与"自由"这两个概念中的"自主"特性。自主，是实现权利和自由的资格，也是权利和自由的保障。独立是自主的外部形态，而自主是独立的内在精神内核。"自主"，在当时的含义并非是免受强制压迫的自由，而是强调"消除依赖根性"（对"奴隶"状态的另一种理解，即奴性）。比如，梁启超在 1901 年《十种德性相反相成义》一文中论"独立"与"合群"之辩证关系，不仅把独立视为野蛮与文明的区分性标准，而且把国家的独立性寄于国民的独立性，"群"当然也包括国家这个大群。梁启超对"独立"的界定是"不倚赖他力"、负起应有之责任。梁启超称："乃至一国之人，各各放弃其责任，而惟倚赖之是务……故今日救治之策，惟有提倡独立。人人各断绝倚赖……庶可以扫拔已往数千年奴性之壁垒，可以脱离此后四百兆奴种之沉沦……吾以为不患中国不为独立之国，特患中国今无独

---

① 金天翮：《女界钟》，陈雁编校，上海古籍出版社，2003，第 53 页。原文如下："吾愿贡文明之花圈，张独立、自由、平等三色之徽帜，以祝我中国女权之万岁也。"

立之民。故今日欲言独立，当先言个人之独立，乃能言全体之独立；先言道德上之独立，乃能言形势上之独立。"① 从责任与自主的关系出发，才能完整理解梁启超等维新派所论的"天赋权利"或"天赋自由"的内涵，才能明了为什么从"权利"出发得出的却是"责任"。在《新民说·论权利思想》（1902）中，梁启超把"生命"作为人形而下的肉身存在，把"权利"作为人形而上的精神存在。人与动物、奴隶的区别，在于后者只有形而下之肉身，而人类"则以保生命保权利两者相倚，然后此责任乃完。苟不尔者，则忽丧其所以为人之资格，而与禽兽立于同等之地位"②。人之所以为"人"，不是静态的本体存在，这里有一个动态的关键环节："保"，然后"责任乃完"。也就是说，梁启超所强调的自由，不是从压迫者的角度，以推翻压迫者获得的自由——消极的自由，而是从受压迫者角度，强调受压迫者的独立、自强和自主——积极的自由。这样，才能理解为什么梁启超对权利的界定是"权利何自生？曰于强"。梁氏认为强者对弱者，包括男子对于女子、雄国对于孱国，"皆常占优等绝对之权利"，非强者之"暴恶"也，因为"人人欲伸张己之权利而无所厌，天性然也"。强者之所以能侵弱者之权利，是因为弱者先放弃之。所以，"人人务自强以自保吾权，此实固其群、善其群之不二法门也"③。要保权利，

---

① 梁启超：《十种德性相反相成义·自由与制裁》（1901），《饮冰室合集》文集之五，中华书局，1989，第44页。

② 梁启超：《新民说·论权利思想》，《饮冰室合集》专集之四，中华书局，1989，第31页。

③ 梁启超：《新民说·论权利思想》，《饮冰室合集》专集之四，中华书局，1989，第31页。

必须自强，自强是自主的保障，是主权者自己的责任，不能依赖他人。梁启超的自强逻辑，自然受优胜劣汰的社会达尔文主义和进化史观影响。梁启超把竞争视为"文明之母"[①]和"进化之母"[②]。

在梁启超的思维世界里，责任是权利的保障，因为责任与权利之间有着无法解脱的关系。梁启超在讨论权利的《新民说·论权利思想》一文中，开篇即言责任，强调每个人对于他人、对于自己、对于群的责任。弃责任，不能保权利；无权利，即失去做"人"的资格。所以，"对人而不尽责任，譬之则杀人也；对我而不尽责任，譬之则自杀也"。从责任和自主出发，才能解释梁启超为什么能从天赋权利出发，得出爱国的国民义务："爱国者何？民自爱其身也。……为民者而不务各伸其权，是之谓自弃其身。故言爱国必自兴民权始。"[③]这里的关键是民权之"权利"与"责任"之间不可解除之关系，以及内嵌在"群"里的个体。民权、女权都是天赋人权的衍生，权利是民（即人）的形上之内核，民若不伸其权，自是"自弃其身"，放弃为人的资格。"尽民权"，如上文所阐析的，每个国民都应努力求自强自立，合人为国，国家才会强大，然后，国民才算尽到爱国之责任。这里的实质是个体与群的关系。在近代中国，个体与群的关系强调的是个体是大群中的一员，"己"的自强对大群的强大有着极大的贡

---

① 梁启超：《新民说·论国家思想》，《饮冰室合集》专集之四，中华书局，1989，第18页。

② 梁启超：《新民说·论进步》，《饮冰室合集》专集之四，中华书局，1989，第56页。

③ 梁启超：《爱国论》（1899），《饮冰室合集》文集之三，中华书局，1989，第73页。

献；"群己权界"强调的是个人"权"之不可侵，目标是从上位者的手中夺取下位者之权（反专制），并不是把"己"与"群"对立起来。"己"和"群"的内嵌关系加上个人权利即责任的意识，就很容易把个人的权利和责任转化成对群的责任和义务。梁启超把义务视为权利的来源，"权利初起皆得自义务"，权利是对义务的相偿，尽管他并不否认权利义务应对等。但从起源而言，责任和义务是更根本的。所以梁启超痛心"吾国民义务思想之薄弱"，特别批评了权利话语兴起后只谈权利不谈义务的现象。①

　　行文至此，"自由""权利""平等""自主""责任"这几个概念之间的逻辑联系已基本展示出来，我们可以尝试着理解隐藏在马君武译文后面的维新人士的概念世界及其时代关切是如何影响马君武对西方女权的译介。据此概念图景可以合理地解释为什么"天赋人权"可以置换"同等自由"，为什么平等原则替代了自由原则作为中国女权之道德基石。"天赋人权"与"同等自由"作为一个同义概念，贯穿两者的是其中隐藏的"自主"概念。在专制的家、国中拯救个体的欲望，把个人的同等自由和天赋权利转化成平等的自主。自强逻辑将自主转换为责任平等。从权利转化出义务，责任在其中搭起了桥梁。女权的理论地基从"自由"原则转化成"平等"原则，而创建民国的历史任务，又把平等原则具化为义务平等。

　　自主，不仅要反对外部的各种专制形式，更重要的是从身心上建立个人的自强自立，包括"道德上之独立"（即精神上无依

----

① 梁启超：《新民说·论义务思想》，《饮冰室合集》专集之四，中华书局，1989，第105页。

赖根性），还有在社会上自谋生计的知识和技能。在晚清的特定历史语境下，出于建立国民 - 国家的急迫要求，个人寻求自主性的要求首先表现为反对专制国家，只是维新派侧重于民权的国家形式，而革命派侧重于民主的政体形式。于是，追求个人独立和自主权利的女权思想，也被吸纳到反专制国家的思潮中。

从西方自由主义理论中脱胎出来中国女权思想，重心没有落在追求个人自由和权利上，却转化成极具中国特色的、被国族主义吸纳的自由主义女权，从她诞生的那一刻起就被注入了国家主义的底色。而个人"自主"与国民责任之间既互相成就又互相拉扯的辩证矛盾一直是中国女权的特色。1904 年，《女子世界》第五期发表署名"松江女士莫雄飞"的一篇文章《女中华》。文章从天赋自由和男女平等出发，推导出女子当尽男子同等的"爱国之责任"和"国民之义务"。以当时的女性身份陈述的这段话是对此节所剖析的权利、自由、自主、责任、义务之间的复杂转化关系最好的时代注解：

> 以公理而论，一国之男女固宜平权平等。……盖天生男女，未始有异，同具耳目，同赋自由之权，同赋主人翁之责任，是故男子当尽爱国之责任，女子亦当尽爱国之责任，男子当尽国民之义务，女子亦当尽国民之义务。女子者，亦国中之一分子也。①

---

① 松江女士莫雄飞：《女中华》，《女子世界》1904 年第 5 期，载中华全国妇女联合会妇女运动历史研究室编《中国妇女运动历史资料（1840～1918)》，第 193～194 页。

最后，不能回避且迫切需要反思的是，"自强式自主"的内在的保守性，就是把责任推向弱者、受压迫者一方，对施加压迫的强者和制造压迫的体制缺少批评和质疑。反之，"自强式自主"认同强者之强和强者的正当性，这自然与文明论推崇的社会达尔文主义与进化史观有关。这也是受文明论启蒙的论者（包括女性论者）选择自我归责话语策略的原因——自我激励以求自强。这也是为什么从自主、自强出发的国家主义走的是一条弱国模仿强国、寻求国家自强的道路，而不是质疑强国逻辑的不正义以及谋求世界秩序之重构。同样，寻求自主的女权主义也不追责男性的压迫，而是自我归责，外求与男子同担国民责任，内求自强独立，从而获得与男子同等的权利和平等。对于强者而言，在弱者俯首学习时期，自然是欣然接纳，但当弱者学习、成长之后就会破坏既存的秩序和平衡，强者间的冲突就会发生。二者可能为恢复秩序发生冲突，却都未质疑既存结构的不正当性，以及这种思考世界的方式的不合理性。

（五）回避私权的讨论：再造男性的优势地位

马氏的"女权"，与反专制体制（特别是专制国家）相关，与具体的男性压迫无关。女权不仅无害于男性，而且有助于男性达成追求国权的目标，女权的伸张因此也获得了男性的支持。金天翮接受马氏在穆勒"女权说"中对欧洲历史的介绍：欧洲18、19世纪为君权革命时代，20世纪为女权革命时代。[①] 金天翮"女权革命时代"的提法与马氏原文稍有一些区别，马氏把后一个革命称为"男女间革命"。语词上的替换，并非金天翮对于马

———————————

① 金天翮：《女界钟》（1903），陈雁编校，上海古籍出版社，2003，第173页。

氏思想的误读，恰是其深刻理解了马氏"女权革命"的精神内核：女权是不存在"男女间革命"的"女权"。

既然不存在男女间革命，马氏就不需要去检讨私权内部存在的不平等，马氏译文中甚至出现了刻意回避私权讨论的痕迹。马氏的译文有意无意地淡化和转化斯宾塞和穆勒对家庭内部不平等两性关系的批评。马氏在译文中淡化斯宾塞对英国法律上认可和支持女性对男性屈从地位的批评，一方面维护了英国文明国的形象，另一方面也可能与他认为传统两性关系并无不妥的意识有关。穆勒的《妇女的屈从地位》很大篇幅是论证家庭内部女性屈从男性的法律制度的安排不正义，包括已婚女子失去财产控制权。马氏在介绍穆勒思想时，不仅没有介绍穆勒对于私权不平等的批评，而且称"女人之私权，虽若为其夫之一守护兵然，而犹有管理其财产之权焉，则男女二类犹同等也。至于公权则不然。收女人之赋税，而不许其置喙于公务，不平莫甚焉。女人之能力与男人，其权必不可不相等"（第二条）。依马氏在译文中对于"平等""平权"之类词语的娴熟使用，马氏应是有意选择"同等"，而不用"平等"一词来界定男女间私权。马氏清楚丈夫充当着女子财产的守护兵，在私权方面不能算是"平等"，但马氏似乎认为私领域中的守护兵制度（财产所有权的归属）虽有违"平等"但无损于"同等"，因为女子"犹有管理其财产之权"的管理权。如同中国传统家庭的主妇虽从属于男系家庭，但一般也可参与家庭经济的管理。私权方面男女虽不"平等"但"同等"，表明马氏对于约翰·穆勒着力批评的守护兵制度是女子屈从于男子的不正义法律制度之观点并不以为然，马氏关切的是"国家"，强调公权方面的不平等（实质是义务不平等）才是不正义的。马氏所译介的约翰·穆勒的该文章第四条称："在家庭间之女人，常有与其父或夫得同等之权者。以此推之，其夫可被选，其妻亦可被选，其女亦可被选。家庭者，国之脊骨也。在家庭间如是，在一国中亦何独不是?!"这一条马氏明显认为在英国家庭内部，两性在私权方面已"同等"了，但私权同等之说法与穆勒的思想差异很大。这究竟是马氏对于穆勒思想的误读，还是马氏认可维多利亚时代的两性关系，并认为其是公平合理的？如果是后者，也不奇怪。因为将女性权利纳入男性权利的"男女一体"的性别关系，即所谓的"同伴"关系，是作为文明的性别标准介绍给中国的。另外，急于维新求变的中国士子接引西方文明之首要目的，是变革中国之国家形式和经济方式，并非想彻底改造既有之性别关系。

　　马氏不仅淡化和遮蔽对于家庭内部不平等的两性关系的检讨，而且非常警惕两性平等之后可能存在的冲突。斯宾塞"女权篇"第八节的主要内容是辩驳两性权利平等之后可能造成两性间竞争和冲突的观点。斯宾塞相信同情心会激发双方对两性权利的互相尊重，根本不会引起两性间的纷争。与斯宾塞的乐观相比，马君武特别警惕在两性平等之后的未来社会，两性之间可能存在竞争。他在译文中大量地穿插了各守边界是文明世界规则的训诫，而斯宾塞的原文根本不存在这些训诫。

　　在两性关系方面，马君武的译文也有意无意地体现对于男性优越地位的维护。比如，在斯宾塞"女权篇"的第二节，斯宾塞主要驳斥社会上反对男女同权的各种理由，包括女子才智不如男子的说法，以及凭才智分配权利的不可能性。斯宾塞列举了各行各业的杰出女性，以证明女子的才智并非不如男子，同时提醒读者要注意到女子这样的成就是在女子尚被排斥在大学等教育机构之外，不能像男子一样接受训练的情况下取得的。完全可以合理地想象，女子若取得男子一样的教育机会，将会拥有何等才智。斯宾塞并没有明确地说现实生活中女子才智弱于男子，他的重心在于批评男子对于女子的排斥，比如当时仍盛行的对蓝袜女（blue-stockings）① 的偏见仍阻碍着妇女对文学荣誉的追求。马氏译文却做出了现实中女子才智低劣的论断，尽管他把低劣的原因归于当前的女学不发达和女子无野心，并不是真劣，在女学大兴之后可以得到改善。斯宾塞认为既有的生活方式抑制了女子的雄心，而马氏却认为是女人自己的问题，"女人入世既浅，自无诸等刺激发起其雄心"。斯宾塞批评男人对女人的排挤，而马氏把责任归于旧俗，而不是男子——他把蓝袜女的典故译成"女人之教育多因旧日习俗……不许其与男交通往来"。斯宾塞把权利定义为运用各种才能的自由，在逻辑上，权利与才能强弱优劣无关，只与

---

① "蓝袜女"是 18 世纪中期伦敦文学女性的代名词。在 18 世纪 50 年代，蒙塔古（Elisabeth Montagu，1720 - 1800）和她的朋友维西（Elisabeth Vesey，1715 - 1791）等贵族妇女创立了文化沙龙。这种聚会一般在女主人家的客厅举行，使贵族妇女有机会与男性文人雅士社会名流面对面对话和交流，也使一些原本默默无闻地女性作家被文艺圈所认识。有一次维西夫人邀请博学的斯蒂林弗利特（Benjamin Stillingfleet，英国植物学家，翻译家和作家）来参加沙龙聚会。斯蒂林弗利特说没有合适的着装。维西夫人便告诉他，穿他的蓝袜子就可以。蓝袜子是一种用羊毛织成的蓝色袜子。当时英国贵族的着装要求是正式场合男士应该穿一种丝质的黑色袜子，"蓝袜子"就成了这种女性组织的文艺沙龙活动的代名词。后来，在男权文化下，"蓝袜女"的词义逐渐变成贬义，专指附弄风雅的女性文学爱好者或是那种自视博学却容貌平庸的女子。（庄和斌：《英语词源趣谈》，上海外语教育出版社，1998，第 94 ~ 95 页。）

行使的自由有关。马氏译完斯宾塞的权利概念之后，添加了自己的评论"正惟女人之心才不及男人也，则当有同等之权利，以练习其固有之能力，而发达其心才。女人有生命，即莫不有能力，惟无与男人同等之权，故不能自由练习之，遂较男人为劣耳"。智男愚妇的定位实则也体现在维新人士对"无才是德"的传统女子形象的建构和男子倡女权开民智的呼吁中。

马君武的译文显示出明显的男性优越感，这种优越感表面上来自于性别，更深层次的原因是知识的特权。这里的知识不再是"意见"，而是"公理""真理""公义"。"公理固无男女之别也"，"男女同权者，自然之真理。稍有知识者孰不认之，然反对者正不鲜，夫皆无说以自坚也"。[①] 英文原文中并无"稍有知识者孰不认之"如此傲慢的用语。就斯宾塞写作时的语境，妇女权利是他还需要与本国同胞论辩的一种意见。马氏译文已然将其转换成不容置疑的真理和公理。当然，知识的权威性也赋予了改革者挑战传统、变革中国社会的权威性和正当性，而这种知识的权威性很大程度上来自于对文明论"真理"的确信。在性别关系上，知识的权威性和握有知识的优势地位维持和再构了男性对于女性的性别优势。男性通过对文明和女权思想的译介和传播，拥有了掌握新知识和开启新世界之门的特权，也拥有了担当女性的拯救者和迈向新世界导师的资格。比如，学习了马氏转译的西方女权理论，接受西方文明洗礼而"觉悟"的金天翮，著《女界钟》以唤醒沉睡之中国女子。其在对女子充满同情和温情

---

① 《斯宾塞女权篇》，莫世祥编《马君武集（1900～1919）》，华中师范大学出版社，1991，第17页。

的文字中，直言不讳地表达了掌握新知识的男子的优越感和作为女性拯救者的责任。"数子之学说……掠太平洋而东至于中国。""中国男子已有所耳闻并觉悟，可叹中国女子却充耳不闻、闻而不醒。""我中国二万万同胞兄弟沉睡于黑暗世界，觉一线之阳光入牗，熨眼起视，刺鼻达脑，万声一嚏。起步庭心，摩挲自由之树，灌溉文明之花。……独我二百兆同胞姊妹，犹然前旒纮纩，桎梏疏属，冬钉诉梦，春箧言愁，绝不知文明国自由民有所谓男女平权，女子参与政治之说也。苟知之，必且以为怪也。"①所以，"婆心说法，苦口陈辞"，著此《女界钟》。

综上可见，马君武的翻译是在晚清独特的历史语境下，在自己的概念世界中对原文进行跨语际的转介。通过一系列有意无意地遮蔽和转化，既维护了西方文明的形象，又传达了对中国当时所处情势的时代关切：改造东方专制君主体制，建立现代民权－民族国家，实现国家独立和富强，使中国与西方国家同列万国公会，晋升文明世界。指引这份关切的是西方文明论。在列强环伺的全球世界格局中寻求国家自主和富强的欲望使马君武辈的维新人士注重突显权利和自由的自主内核，将作为民权一部分的女权——实践个人才能的自由，转换为摆脱专制获取自主的斗争。自强逻辑又把权利转化为责任，嵌套的群－己关系把个人的自由和权利转化成国民的爱国责任，从而把女权的思想和实践引到反抗专制国家、履行爱国义务的轨道上，凸显了妇女政治权，却回避和搁置了对于传统家庭内不平等两性关系的检讨。男性利用掌握文明进化公理的新知识特权，再造了男性对于女性的性别优势。

---

① 金天翮：《女界钟》（1903），陈雁编校，上海古籍出版社，2003，"小引"。

解说：《女子世界》共发行17期。此封面第一次出现在第10期，续用5期。画面中，最引人注目的是穿着西式裙装站在高台上的女子，从她的脸无法分辨是中国女子还是西洋女子，举着三色旗俯视并引导着门外的人群进入一个新的空间。画面左上角是两幢西式的三层洋房，类似校舍或宿舍。尽管杂志编者并未明示此封面之含义，但还是很容易让读者意会这就是新式女学堂。夏晓虹教授的研究认为，从第10期的"社说"开始，标志着《女子世界》的主导倾向从倡导"女权"转向"女学"（参见夏晓虹《晚清女性与近代中国》，北京大学出版社，2004，第67~101页）。从画面看，《女子世界》所设想引领中国女学的标准应仍是西方女性。"三色旗"很容易让人联想到《女子世界》创始人之一金天翮在《女界钟》中所称："吾愿贡文明之花圈，张独立、自由、平等三色之徽帜，以祝我中国女权之万岁。"（参见金天翮《女界钟》，上海古籍出版社，2003，第53页。）封面中站在高台上的女性引领者寓意把已有脱轨倾向的"女权"和"女学"引向他们心目中的方向。在第10期的"社说"《女界之怪现象》，丁初我严厉批评了"略受新学"的女流与"借运动女界之美名"的新党志士行"桑间濮上之风"，斥之为"伪文明"，认为这只是某些人假借"西国数千年来养成之新道德"为自己的"营私饰奸"提供便利，担忧此风滋长，群起诟病，最终造成国民结口不敢谈新学，断送中国迈向文明的希望，这些新女子就成了"文明之罪人，亡国之媒介"。对试图超越传统家庭秩序之新女性，丁氏斥之为"文明之蟊贼"，丧失了担当"国民之母"和"文明之母"的资格。可见，丁氏和金氏之类的维新人士看重的是"女权"对于文明中国之作用，所以更重视女性在家外的权利（确切地说是义务），而不愿打乱家内的传统性别秩序（即笔者在本章所讨论的内容）。丁氏甚至在"社说"中断言"女子苟无旧道德，女子断不容有新文明"。

第四章　女性的声音：对国族话语的翻转和颠覆

　　女性论者参与晚清女权论述时，文明论及其图景中的女权是既存的话语背景。女性论者在这样一个话语世界中展开自己的女权论述。主流的女性论者沿着维新人士开辟的女权路径，沿用男性的主流话语，在国族主义框架内论述女权，同时也存在在文明论框架之外的非主流的女权论述。晚清处于一个前路未知的探索时代，一切未成定局，各种思潮涌入中国，人们天马行空地想象未来中国。西式文明论强势传播的时候，对西方文明论怀疑和警惕的声音一直是存在的，但发出怀疑和警惕的声音的未必都是反现代性的保守派。比如，鲁迅在《破恶声论》（1908）中批评盲从西方文明论的人士为"伪士"，喊出了"伪士当去，迷信可存，今日之急"。在《文化偏至论》（1908）中，鲁迅批评西方文明奉物质文明为最高准则的"文化偏至"。① 还有各类无政府

---

① 汪晖《声之善恶：什么是启蒙？——重读鲁迅的〈破恶声论〉》，《开放时代》2010 年第 10 期。

主义思潮，在批判和反思西式文明方案的过程中，寻求另类现代性。无政府主义理论框架下的"女界革命"，拒绝西式文明，也拒绝文明论所提供的女权路径：在资本主义政治和经济体制下，通过参政权和经济独立追求男女平等。

一　文明论框架里的女权论述：独立意识和男女平等

1903 年 6 月，何香凝（1878－1972）在《江苏》杂志第四期发表了一篇文章《敬告我同胞姊妹》，称"西谚曰：'女子者，生产文明者也'。又曰：'女子者，社会之母也。'故女子为社会中最要之人，亦责任至重之人也"①。《江苏》杂志是江苏留日学生同乡会在东京创办的杂志。何香凝发表这篇文章时，人应在日本，追随她在日本留学的丈夫廖仲恺。这些文字透露出，何香凝熟悉文明话语，理解文明论与女性的关系，即文明的性别标准，也知晓文明论的西方源头。在当时急于为中国寻求现代化之路的日本留学生中，不管是维新派还是革命派，文明论可能是吸引男女学生的流行新思潮。秋瑾的女权思想动力也是被文明论激励的，"曙光新放文明侯，独立占头筹"②。在秋瑾的思想图景中，文明带来未来的希望，也是前行的方向和追求的目标。杜清池写于 1907 年的诗也以"文明"为未来社会的目标："造物阴阳本不偏，奈何痼疾竟相沿。与君共索平权债，还我文明独立天。"③

与维新男士彰显"国民之母"不同，何香凝"社会之母"的

---

① 李又宁等主编《近代中国女权运动史料（1842～1911）》，第 404 页。
② 秋瑾：《勉女权》1907，载《中国妇女运动历史资料 1840～1918》，第 220 页。
③ 中华全国妇女联合会妇女运动历史研究室编《中国妇女运动历史资料（1840～1918）》，第 220 页。

提法亦不多见，颇可回味。"文明生产者"的定位，比起金天翮暧昧的"文明之母"之提法，不仅时间上早，而且女性主体地位更清晰明了。金天翮送给女子"文明之母"和"国民之母"的高帽，认为女子拖了中国社会进步的后腿，目的为改造女子。"新中国必新女子，欲强中国必强女子，欲文明中国，必先文明我女子，欲普救中国必先普救我女子，无可疑也。"[1]当然，何香凝文章的主旨与梁、马的国族主义女权论述无异，仍是唤醒女子要有国家意识、尽国民责任，以抵抗入侵之异族。但与欧美文明论者把性别作为衡量标准和中国男性文明论者的女害论和工具论不同，在何香凝的论述中，女子的身份是作为文明和社会的生产主体。

像何香凝一样，一些女性参与到晚清各类女权的公共论述中。这归功于近代城市生活中报刊的涌现，特别是妇女报刊的出现。尽管当时报刊上存在男性代笔，或男性作者以女性化笔名发言的事例，但许多女性的声音仍是清晰可辨识的。女学（包括留洋求学）与女报（包括女子在男性主导的刊物上发文）在近代中国的出现，很大程度上可以说是新派男子接纳了西方文明论中的性别标准——女子作为同伴，并在日常生活中模仿西方的性别模式，一反幽闭女子的传统旧俗，携女眷出入公共场所，实践文明的生活方式。如同金天翮在《女界钟》中所梦想的：如"欧洲白色子"般，"肩随细君，挈带稚子，昂头掉臂于伦敦、巴黎、华盛顿之大道间"[2]。夫唱妇随的传统妇德糅杂文明的同

---

① 金天翮：《女子世界》发刊词，1904年1月17日，载中华全国妇女联合会妇女运动历史研究室编《中国妇女运动历史资料（1840～1918）》，第289页。

② 金天翮：《女界钟》，小引。

伴标准，在家庭中先进男性的引领和推动下，晚清出现了一批引人注目的女报人、女主笔。值得注意的是，女权话语同时也制造和召唤出了一种女性的身份意识和性"别"意识。当女性论者在男性主导的国族主义话语框架下展开女权论述时，在运用相似的概念和话语策略时，女性身份和性"别"意识不断地颠覆男性论者努力建构的主客关系，超越女权服务于国家的男性目标，女性变身为历史主体，凭借国族主义框架追求男女平等的女权目标，发展出中国最早的自由主义女权的理论和实践。

（一）性"别"框架下的女性意识：独立意识和合群自治

林宗素（1877－1944）曾为《女界钟》作序，序中不仅把金天翮誉为"中国女界之卢骚"，也接下了"国民之母"的称号，但林宗素表现出敏感的性别意识。对于金天翮表达出来的男性优越感和导师身份，林宗素感谢金天翮为女子辩护和代谋，真诚致敬之后却是不亢不卑的拒绝："权也者乃得也，非让与也。""自鞭策我二万万之女子，使之由学问竞争，进而为权利竞争，先具其资格，而后奋起夺得之，乃能保护享受于永久。若其柔弱如故，愚暗如故……彼辈男子慨然尽举畴昔所占据之权利，一一让与而还付之于我女人，此固非吾之所愿。"[1] 林宗素从女性身份出发，明确表达了反对男性赐予权利，展现了女子自争权利的独立姿态，划出了在国族框架内的这条性别界线。

在男性倡导女权的背景下，最早参与女权话语的女性论者表现出对于"便于男子之女学""便于男子之女权"的警惕。陈撷芬（1883～1923）在《独立篇》（1903）中提出兴女学、复女权的

---

[1] 《侯官林女士叙》，载金天翮《女界钟》，第4～5页。

工作应由明达女子自己承担，这是女子应尽的义务。若任由男子借着兴女权再干预女子的生活，女子就会重新沦为男子之附庸。

> （女性）徒以生命肢体委之男子。即有以兴女学、复女权为志者，亦必以提倡望之于男子。无论彼男子之无暇专此也，就其暇焉，恐仍为便于男子之女学而已，仍为便于男子之女权而已，未必其为女子设身也；就其能设身焉，不能自谋其学与权之女子，能受彼明达男子之教乎？借曰能之，则与其受明达男子之教，毋宁得明达女子自教之矣。……我岂可转以己之教育望之于男子乎？我又何忍以二万万女子应尽之义务，责之彼明达男子乎？呜呼，吾再思之，吾三思之，殆非独立不可！
>
> 所谓独立者，脱压力，抗阻挠，犹浅也。其要在不受男子之维持与干预。夫维持美名，干预热心也，奈何却之？虽然，独不思吾女子所受压力、困阻挠以致今日者，其始非皆由维持干预来乎？譬之联邦，情谊虽孚，必各有自主之权而后可称联邦也，一时望人之维持，受人之干预，几何不为属国也。吾愿明达女子有兴女学、复女权之志者，勿自比于属国也①。

1903 年 6 月的《江苏》第 4 期，与何香凝同刊发文的还有留日女学生龚圆常的《男女平权说》。龚圆常对于男子热心女权、女子袖手旁观的现状表示忧虑，对男子代办女权表示怀疑。

---

① 陈撷芬：《独立编》（1903），载中华全国妇女联合会妇女运动历史研究室编《中国妇女运动历史资料（1840～1918）》，第 245 页。

"此于女子果有利欤？吾不敢信。盖期望人者，决不欲其有所依赖，而必求其独立。善自助者，决不乐他人代为筹长策。男子之倡女权，因女子不知权利而欲权利相赠也。夫既有待于赠，则女子已全失自由民之资格，而长戴此提倡女权者为恩人，其身家则仍属于男子。……我女同胞犹不振袖疾起，尽义务以求自立，恐载胥及溺之祸之即在眉睫间也。"① 与陈撷芬对于在男子的干预下，女子恐失独立的担忧相似，龚圆常更担心在男子提倡和主导女权方向之后，女子的未来命运是"载胥及溺之祸"。女子从男子处获赠权利，女子与男子之关系与旧时代本无二异，仍附属于男子。新时代的变化对于女子而言，只不过是"载胥及溺之祸"。当马君武、金天翮、梁启超等男性论者将女权纳入国族框架，将女子受压迫的原因归于笼统之旧俗或专制政体，而有意忽略男女间之压迫；女性在自由主义框架下的女权论述，虽未直接将男子视为压迫女子之敌人，却也并非完全无视于性别间的压迫。陈撷芬把女子的附属地位归于男子的干预，称："天下女子久受制于顽固之父若夫若兄弟若子孙。"② 但同时，这些女性论者往往委婉地把历史上失去权利的原因归责于女子自己，"自放弃其权利"③"女子自菲薄"④。这种自我归责的论述策略，既淡化

---

① 龚圆常：《男女平权论》，《江苏》第 4 期，1903 年 6 月 25 日，载中华全国妇女联合会妇女运动历史研究室编《中国妇女运动历史资料（1840～1918）》，第 191 页。

② 陈撷芬：《独立篇》（1903），载中华全国妇女联合会妇女运动历史研究室编《中国妇女运动历史资料（1840～1918）》，第 245 页。

③ 黄菱舫："黄菱舫女士序"，载金天翮《女界钟》，第 1 页。

④ 陈撷芬：《独立篇》（1903），中华全国妇女联合会妇女运动历史研究室编《中国妇女运动历史资料（1840～1918）》，第 244 页。

了男女间对抗，又扭转了女性被动牺牲者的形象，赋予了女子历史的主体能动性。女性既是自己放弃权利，也就能自己争回权利。

当男性以拥有文明世界钥匙（新知识）、自诩为女子之领路导师时，林宗素和陈撷芬接下男子对女子"无学"的指责，接受由女学进入女权的路径。但性别意识却使她们拒绝男性作为女子之导师。陈撷芬以"今天下男子之失教者，十人而九不啻"，否定了男子为女子师的资格，更因担忧男子占据新知识的特权维持和再构男子对女子的性别特权，拒绝男子为女子师，而提倡由女子中的明达者教导其余女子。① 对于金天翮们所梦想的女性作为男性游伴的性别化想象，黄菱舫，另一位为《女界钟》作序的女子，悄然颠覆了女性的"陪伴者"角色。她在序中呼吁"女子且莫自轻视"。在她的心目中，女子是"丈夫之顾问""幼稚之导师"，不仅重塑了一幅性别平等的图画，而且使女性成为创造历史的主体和社会进步的枢纽，"全国之民智、民气、妇女可以转移之"②。

和何香凝相似，林宗素、陈撷芬都是追随家中具有维新或革命思想的男性东渡日本。何香凝伴随丈夫，林宗素跟随兄长，陈撷芬追随父亲来到日本。她们都是清末民初活跃的女权活动分子和女权思想的积极发言者。林宗素是创办《中国白话报》的林白水的妹妹。她随兄从家乡福建到上海，入爱国女校读书。1903年随兄赴日，与陈撷芬、胡彬夏、秋瑾等二十几名女生组织共爱

---

① 陈撷芬：《独立篇》（1903），载中华全国妇女联合会妇女运动历史研究室编《中国妇女运动历史资料（1840～1918）》，第 245 页。

② 黄菱舫："黄菱舫女士序"（1903），载金天翮《女界钟》。

会。同年四五月间，返回上海。曾参与《警钟日报》《中国白话报》《和平时报》的创办和编辑，是晚清上海报界知名的女报人。陈撷芬是《苏报》馆主陈范的女儿。为倡导女学，16 岁的陈撷芬在 1899 年冬就创办《女报》，月出二册，随《苏报》附送，"然经费太钜"，四期而终。陈撷芬的《女报》与中国第一份妇女报刊《女学报》（作为中国女学堂机关报的《女学报》，创刊于 1898 年 7 月 24 日）。① 只相差不到一年时间。为延续倡导"女教女学"之宗旨，1902 年 5 月 8 日，尚在中西女塾读书的陈撷芬续出《女报》，没有单独设报馆，寄栖于苏报馆内。《（续出）女报》仍随《苏报》附送。到第七期时，除随《苏报》赠阅者之外，购买《女报》的读者数量增加到一千人以上，可见《女报》大受欢迎。陈撷芬听取读者建议，在 1903 年 3 月 31 日将《女报》改名《女学报》。除了继续"兴女学"的办报宗旨，改名后的《女学报》旗帜鲜明地提出"复女权"的宗旨。《独立篇》发表于改名后新刊的第一期，实质就是《女学报》的办刊新宣言。陈撷芬除了用语言表明女权独立于男子的重要性，也在办报实践中贯彻和体现独立性。从《女学报》发刊开始，女学报报馆从苏报馆搬出，印刷也与苏报分开。陈撷芬住在女报馆里，开创晚清女报史上以女性一人之力主持报刊的佳话。② 陈撷芬以行动表明：女权，意味着独立于男子。

　　尽管早期的女学堂和女报大多有男性的身影，但是，希望由

① 夏晓虹：《晚清两份〈女学报〉的前世今生》，《现代中文学刊》2012 年第 1 期。

② 夏晓虹：《晚清两份〈女学报〉的前世今生》，《现代中文学刊》2012 年第 1 期。

女子教育女子的身份意识和性别意识在女性论者中是明显存在的。从中国第一份女报开始，1898 年 7 月 24 日上海创刊的《女学报》，很多女主笔是维新人士的家眷。《女学报》自诞生之日起，要担起教育普通女子的意图就很明确，这也体现在其选择白话撰稿的文风上。陈撷芬在《女报（续出）》第一期就开辟了使用白话的"演说"一栏，这是因为她意识到论说、新闻、章程都是书上的文理，白话"演说"可以让不愿读、不会看书面语的闺中同伴乐意读、乐意听，"又可以当做课本，教教那些女孩子"①。1906 年秋瑾办《中国女报》，延续文俗并用的文字，用白话的目的就是方便读给不懂文字的姐妹听。②

　　1904 年，张竹君出席爱国女学校的欢迎会并发表演说。演说中她的女性的身份意识非常明显。她沿用林宗素、陈撷芬等人的话语策略，首先代表全国女子表达对男子创办女校的感谢，然后话锋一转，以女子自我责备的方式，一方面婉转地指出爱国女校没有女性参与的现状，另一方面呼吁女子自立自爱，断绝依赖根性。"吾爱爱国女学校，吾敬诸君，而吾终不能不为我女界痛哭者，则以倚赖之根性至今犹未拔耳。今试问发起而立此女学校者，果我辈女子乎？管理此女学校、任教师之职者，果我辈女子乎？"③

----

① 《白话演说的缘故》，《（续出）女报》，第一期，载夏晓虹《晚清两份〈女学报〉的前世今生》，《现代中文学刊》2012 年第 1 期。

② 秋瑾：《敬告姐妹们》，《中国女报》第一期，1906 年 12 月 1 日，载李又宁、张玉法编《近代中国女权运动史料（1842～1911）》，传记文学社，1975，第 435 页。

③ 张竹君的指责可能有误，林宗素、吴亚男、陈撷芬等女界人士参与了爱国女学校的创办。参见顾秀莲主编《20 世纪中国妇女运动史》上卷，中国妇女出版社，2008，第 67 页。

呼吁女子从男子肘腋之下脱离出来，"女子所宜先者，则首自立自爱，次则肆力学问，厚结团体"①。张竹君为女子自立开出的药方是结社和办实业，她认为实业是女子"自立之首基"。她身体力行在广州办了女子实业学堂，还创办女子兴学保险会（1904）。张竹君列举了当时女子的 11 种风险，认为女子所涉风险"推其原故，半由于男子压制，半由女子之放弃"。关于女子受压迫的根源，张竹君与陈撷芬、黄菱舫等人所持观点相似，提出的解除压迫的方法也类似，没有推诿给男子，等待男子释放女子，而是提倡女子自救。当然，这也符合男性女权论者期望的"自强"逻辑。陈撷芬、林宗素等人从兴女学出发，张竹君提倡实业和合群②。实业是女子以个人之力保自立，结社是女子靠同性群体之力保"孤寡茕独而不克自治者，则协力以匡济之"③。这两条途径，使女子摆脱对男子的依赖。女子兴学保险会就是女子的互助团体，其宗旨为"联合海内外女士为一大群，以提倡

---

① 张竹君：《张竹君在爱国女学校欢迎会上的演说词》，载中华全国妇女联合会妇女运动历史研究室编《中国妇女运动历史资料（1840~1918）》，第303 页。

② 在文明等级论中，"实业"和"合群自治"都是文明的体现。梁启超在《新民说》论"自治篇"中，认为盎格鲁－撒克逊人之所以能成"最庞大最壮活之民族"，是因为英国人能合群自治。他比较英国与他国人百人移居他地，十年后，英国人能成自治国，而他国之百人，"浑然如一盘散沙，受辖治于英人矣"，其国家被称作"半开"之国。梁氏认为："文明人能治野蛮也，皆其无自治力使然也。"也就是，合群不仅是文明的标准，也是强大的原因，更体现了"文明人"殖民统治"野蛮者"的正当性。在《新民说》"论公德"篇中，梁启超把"相善其群"视为公德。

③ 张竹君：《女子兴学保险会序》（1904），载中华全国妇女联合会妇女运动历史研究室编《中国妇女运动历史资料（1840~1918）》，第326~327 页。

女学，激发患难相救之情，合力实行"。张竹君可以说是符合梁启超设想的"生利"的新女性，但是梁启超是从国家富强的角度倡导女子从事家外的生利之业，张竹君强调的是女性通过职业获得个体的独立和自主。

女性团体在20世纪初的涌现①，是遭受"甲午""庚子"国家耻辱后，知识界学习西方文明，兴起合群结社热潮中的一个组成部分。同时，女性团体，特别是关注女性福祉，服务女性的社团的出现，很大程度上是性别意识和独立意识作用的结果，希望通过女人间的互助，摆脱对于男子的依附性。吕碧城（1883－1943）指出女子结社的两种功能，呼吁女子结社。一种是从国家角度出发，结社是为了"捍卫国家、协力排倒他国"。吕碧城认为保护国家同样符合女性利益，因为"覆巢之下无完卵，漏舟之中无完人"。另一种功能是从性别角度出发，便于女子摆脱男子控制、增进女子自立，"不结团体，女权必不能兴，女权不兴，终必复受家庭压制"。② 从全球史观、文明话语、国家意识到女权、女学对于国家和种族民族之功用，吕碧城的女权观与梁启超马君武之女权观可以说是完全一致的。"女学之兴，有协力合群之效，有强国强种之益，有助于国家，无损于男子。"相比梁启超马君武对于女权可能造成潜在的男女间革命的回避，陈撷芬对于

---

① 据不完全统计，1901～1911年期间涌现的妇女团体达40多个，主要分布在上海、北京、天津，日本东京等地。（参见顾秀莲主编《20世纪中国妇女运动史》上卷，中国妇女出版社，2008，第81页。）

② 吕碧城：《女子宜急结团体论》，《中国女报》1907年第2期，载中华全国妇女联合会妇女运动历史研究室编《中国妇女运动历史资料（1840～1918）》，第238页。

有利于男子之女权的警醒，吕碧城除了向男子表明女权之有用，还向男子再三申明兴女权对于男子无害。"女权之兴，非释放于礼法之范围，实欲使平等自由，得与男子同趋文明教化之途，同习有用之学，同具强毅之气，使四百兆人合为一大群，合力以争于列强，合力以保全我种族，合力以保全我疆土，使四百兆人无一非完全之人，合完全之人，以成完全之家，合完全之家，以成完全之国。其志固与全球争，非与同族同室之男子争也。"① 吕碧城这篇《论提倡女学之宗旨》论述方式及其女权观，很容易联想到马君武所译之约翰·穆勒的"女权说"和梁启超的《倡设女学堂启》。不同的是吕碧城的这篇文章明显是以女性作者的身份，写给男性读者看的。吕碧城除了再三重申女权非与男子争，而是与男子合力贡献于国家，最终达到国家"与全球争"。但是她的性别意识使她的论述最终落脚到以女权的功用性来论证女权的正当性，把不支持女权的男子上纲到"以一己之私见，忘国家之公益"。如果说梁启超马君武以国族收纳女权，那么，吕碧城是借用国族来维护女权的正当性，这是男性之国族与女性之女权之间极有意思也极微妙的互动关系，从而扭转两者之间的单向关系，转变成双向互动，是女性论者对性别意识的敏感和对女性身份的强烈认同。吕碧城从性别角度出发的结社理由更是鲜明地拉开了她与梁、马女权观的距离，这个距离就是国家主义框架下的性别

① 吕碧城：《论提倡女学之宗旨》（1904），载李又宁、张玉法编《近代中国女权运动史料（1842～1911）》，传记文学社，1975，第 600 页。吕碧城是比较受新派男性知识分子欢迎的新式女性。此文吕碧城以"吕兰清女士"之名首先在 1904 年四月初六的《大公报》上发表，后被《东方杂志》第一年第五期节录重刊。

距离。

即使政治色彩浓厚的女性社团，比如，以"各具国家之思想，以得自尽女国民之天职"为社团宗旨的共爱会，也把恢复女权与尽国民责任紧密联结在一起。然而，基于性别身份的结社，仍具有强烈的性别认同和女性之间的互助意识，"以拯救二万万之女子，复其固有之特权"①。1905 年，在日本的秋瑾听闻湖南第一女学堂遭顽固派破坏，致书该校女学生，呼吁"勿因此一挫自颓其志"，称"欲脱男子之范围，非自立不可，欲自立，非求学艺不可，非合群不可"②，并告知湖南姐妹，留日女学生在日本成立了"实行共爱会"③，邀她们赴日游学，并承诺"如愿来妹处，俱可照拂一切"。

从陈撷芬自办女报，女子教育女子，到张竹君倡导经济独立、合群互助，都是女性诉诸性别框架下的身份政治，希望通过人格独立和经济独立，在未来新社会中拓展出不受男子干预的独立的社会空间，享有人格尊严。女子成为社会主体，鼓励女性成为生计之人，服务于国家之强大，尽管并未脱实业救国的国族主义大框架，但女性论者努力在这个国族主义的大框架下重新彰显和定位自己的女权目标，争取独立自主的女性地位和主体身份。

---

① 《日本留学女学生共爱会章程》，载李又宁、张玉法编《近代中国女权运动史料（1842～1911）》，第 910 页。

② 秋瑾：《致湖南第一女学堂书》，《女子世界》1905 年第 1 期，载李又宁、张玉法编《近代中国女权运动史料（1842～1911）》，第 1094 页。

③ 秋瑾和陈撷芬等人在"共爱会"休会状态下，在"共爱会"基础上再建"实行共爱会"。

（二）国家框架内的女权论述：尽义务求自立、尽义务享权利

在以改造旧国家和旧政体为首要目标的晚清，女性论者通过诉诸国家改造的政治议程来彰显女权，相比在社会议程中讨论女权，更合时宜也更容易被主流男士听到。在女性独立和男女平等的女权目标指引下，女性论者发展出了三种论述策略。

第一种论述策略，通过承认男性对女子无用和误国的指责，要求平等尽国民责任，以显示女子是独立主体。胡彬在《论中国之衰弱女子不得辞其罪》（1903）中呼吁"中国之衰弱久矣。推原其故，非独男子之罪也。……夫发二万万女子，居国民全数之半者，殆残疾无用，愚陋无知，焉能尽国民之责任，尽国家义务乎？西国则不然，女子立身端正，心地光明，有独立之精神，无服从之性质，为国舍身，为民流血，其遗迹见于历史者，不可胜数。故男子见之，均生恭敬畏惧之心，偶有丝毫失礼于女子者，则终身不齿于人类"，号召中国女子勿放弃其卫国、兴国之责任。[①] 胡彬心中也有一幅与男子文明论者一样的文明等级图，西国女子是未来中国女子的榜样。罗兰夫人、贞德、批茶是当时女权论述中经常出现的西国女子典范，她们之所以成为典范，是因为她们在家庭外的贡献，特别是参与到政治变革中，为政治变革所做的贡献。胡彬的国家主义的论述与男子的话语虽相似，但其中仍有细微的差异。胡彬的国民责任的内核是女性独立，认为西国女子之所以能为国家尽义务，是因为女子独立了；而为国家尽义务的女子，也

---

① 中华全国妇女联合会妇女运动历史研究室编《中国妇女运动历史资料（1840～1918）》，第 223 页。

获得了男子之敬重。西国女子之典范作用在此就不再仅是为国效力的表象，而是独立作为起点和为国效力之内核，最终目的在于通过为国家尽责任而重构两性关系，使女性重获尊严，不再是"下等动物"。

香山女士刘瑞平在《敬告二万万同胞姊妹》（1904）中秉持相似的叙述策略，而且同样把中国放置在全球图景中，西方是手握评判标准的观者和评委。她希望利用"观于人"的耻辱激起女性的国民意识。刘瑞平开篇既指"国亡矣""汉种奴矣"的现状："吾今敢为一言告我诸姐妹曰：今日国亡种奴之故，非他人之责，而实我与诸君之罪也。"刘瑞平以美国圣路易斯博览会和大阪博览会陈列缠足女子的国耻事件激将女子，"则是诸君之自愿为人类馆陈列品也，则是诸君之自认为亡国奴种之罪首也"，并从"国民之母"这个性别角色出发，担下为国民种祸根、产劣种的罪责。同时，严厉批评女性受男子压制千年，遂成习惯，"是必诸君自有供人玩弄为人牛马如优倡如奴隶之资格，而后彼男子乃敢玩弄之牛马之娼优之奴隶之也"，以唤起女子的主体意识和独立意识。"吾劝诸君，毋徒责人，但自责焉可矣。"并且提供女子作为独立主体的理由："同为人，同受天赋之权利。"以"我权我操，更非他人之势力范围所能及焉者矣"呼唤出女性的独立主体意识，使其最终成为"誓须独立，誓尽义务，为国家吐气，为种族雪耻"的女性。①从语词上观之，刘瑞平无非是挪用马君武、梁启超等男性维新人士提供的理论资源和论证逻辑，重复国民之母和缠足误国的老调。但细究行文逻辑，不同于

---

① 中华全国妇女联合会妇女运动历史研究室编《中国妇女运动历史资料（1840～1918）》，第 250、251 页。

男子以改造女性为手段，刘瑞平以女性服务国家为目的的女权论述，呼唤的是一个独立的女性主体，而且这个独立主体并非由男子赋予或让予，而是"我权我操"，不可放弃。为国尽了义务，也就洗去了女子"亡国罪首"之污名。

第二种论述策略，直接从女国民身份出发，要求与男子同担责任，目的是未来共享同等权利和确保独立。陈撷芬《女界之可危》（1904）一文从女子对国家的所有权出发谈义务平等，但是义务平等只是权利平等的手段。"吾中国之人数，共四万万，男女各居其半。国为公共，地土为公共，财产为公共，患难为公共，权利为公共。我辈既有公共责任，宁能袖手旁观。""国既为公共，宁能让彼男子独尽义务，而我女界漠不问耶？非但彼男子欲始终鄙我，不能平等，即彼男子以平等与我，我辈自由，问能无愧乎？"就实现男女平等的最终目标而言，能尽义务是女性获得权利的极佳机会。"今日则可尽义务之日矣，得完全权利之日矣，不奋勇而向前，岂真如彼男子鄙我曰：女子者奴隶性质也？故吾辈即欲与之争，须先争尽我辈之义务，则权利平矣。"陈撷芬坚持权利义务对等，女性应通过尽义务而获得享有权利的资格，并坚持不受男子嗟来之权利的独立性。"从前女界虽权利失尽，然义务亦失尽。既不尽义务，即有权利，亦他人与我之权利，非吾辈自争之权利也。与其得不全不备之权利，则全让与彼可也。"[①] 龚圆常不相信男子倡导女权的好心，而免除女子"载胥及溺之祸"的方

---

① 楚南女史陈撷芬：《女界之可危》，《中国日报》论说，1904 年 4 月 26～27 日，载中华全国妇女联合会妇女运动历史研究室编《中国妇女运动历史资料（1840～1918）》，第 230～231 页。

法，龚认为只能"尽义务以求自立"。[①] 权利源于义务的观点，可以说是对梁启超、马君武义务观的回应。梁启超《新民说·论义务思想》发表在1903年1月的《新民丛报》，马君武所译介的《女人压制论》和社会党人女权宣言书发表在1903年4月的《新民丛报》。陈撷芬和龚圆常发表这一言论时，都身在日本，我们完全可以合理推测陈、龚两人可能是读过梁、马的文章，熟悉他们的思想。但若细究两者之差异，女性论者的论述中，尽义务并不是终点，而是手段。尽义务不仅使女性获得了拥有权利的资格，而且，尽义务本身就是女性独立自主的体现和保障，最终目标是实现女子的自立和男女权利平等。换言之，同样的义务论述，女性论者最后总是有意识地落脚到女子自立和性别平等的维度上。

第三种论述策略，以天赋人权为立论基础，从男女平等出发来论证义务平等。秋瑾在《勉女权》（1907）中写道："我辈爱自由，勉励自由一杯酒。男女平权天赋就，岂甘居牛后？愿奋然自拔，一洗从前羞耻垢。若安作同俦，恢复江山劳素手。旧习最堪羞，女子竟同牛马偶。曙光新放文明侯，独立占头筹。愿奴隶根除，智识学问历练就。责任上肩头，国民女杰期无负。"[②] 弹词《精卫石》中则有"扫尽胡氛安社稷，由来男女要平权，人权天赋原无别，男女还须一例担"。[③] 不同于陈撷芬从女性拥有对国家的所有权出发谈义务平等，秋瑾的"义务"来自于天赋的平等。

---

① 龚圆常:《男女平权说》，载中华全国妇女联合会妇女运动历史研究室编《中国妇女运动历史资料（1840～1918）》，第191页。

② 中华全国妇女联合会妇女运动历史研究室编《中国妇女运动历史资料（1840～1918）》，第220页。

③ 秋瑾:《秋瑾集》，上海古籍出版社，1979，第130页。

天赋人权作为女权的理论原点，把权利作为人之为人的本体论基础。秋瑾的论述基本上是在马君武和梁启超等维新男士建构的国族主义女权的理论框架内。不同的是，女性身份使她凸显平等的尽国民义务本身就是在实践男女平等，强调女子独立是尽国民义务的前提。

女性论者在国家框架内的女权论述，尽管与男性论者共享着男性论者所建构的理论框架和概念话语，但是女性的身份意识和性"别"意识，使女性论者有意彰显女性的主体地位，寻求女性的独立和自主。女性的独立自主既是女性尽国民义务的前提，也是尽国民义务的结果。她们在义务平等的逻辑下，践行男女平等。平等成为最终目标，从而把女权论述从国族主义拉回两性关系的重构和个人独立。男性论者经常是以平等为起点，以"女国民"或"国民之母"的名义，把妇女纳入国族主义的话语框架中，并以培育和改造女性为己任，以女权为手段，以实现国家富强为最终目标。在同一个话语框架下，女性论者翻转了手段与目标，回到以女性为主体，以女性独立和男女平等为终极目标的女权方向上。也就说，梁启超等维新男士所设想的女权，是服务于国族主义的工具性的女权；而具有强烈性"别"意识的女性论者颠覆了目标与手段，以国族主义为工具，使女权成为最终目标。

梁启超、马君武等人从西方自由主义的理论中创造性地转化出一个具有中国特色的"国族主义女权"，那么，女性论者在国家主义框架下重新开创出了一个"自由主义女权"，尽管这个自由主义并不与国家主义相抵牾。更值得玩味的是，男性论者在"自主"的理论基础上，把同等自由原则转换成平等义务原则，将对个体自主性的追求服务于推翻专制制度的现实行动策略。女性论者在同一个理论框架下，在相似的行动策略里，同样召唤

"自主性"，并把"自主"的灵魂重新置入女权理论和实践中，成为女权之目标。自女权主义引入中国以来，中国的自由主义女权一直处于自相矛盾的张力中，既需要在国族主义的政治经济目标内彰显平等，同时又希望努力摆脱国族主义的征召，恢复其独立和自主。

（三）文明论框架下的女权辩护：第一次妇女参政权运动

从文明论的视野看，自由主义女权并未挑战欧美文明论所提供的政治－经济方案，只是在男性所设置的国族主义议程中，努力彰显女性主体，追求女性的独立和自主，努力回归到西式的自由主义女权的轨道中，来寻求女性个人的权利，如参政权、职业平等权、女儿的财产继承权等。这也成为民国建立后女性自己主导的女权运动的主要诉求。但是当女性去要求这些权利时，被国族主义女权搁置的男女间冲突就浮现出来了。民国初建后的第一次妇女参政运动，就清晰呈现了男性立场的国族主义与女性立场的女权主义之间的冲突。

民国肇始，女权，特别是被国族主义女权推崇为女性"真身份"的政治权（参政权），第一次有了实践的机会。女性认为文明的民国会理所当然地"承认女子完全参政权"①，掀起了中

---

① 1911 年 11 月 12 日，林宗素等人在上海成立"女子参政同志会"。1912 年 1 月 5 日，林宗素代表该会到南京谒见临时大总统孙中山，提出"要求承认女子完全参政权"，得到孙中山首肯。此次谈话在报纸公开后，各地纷纷成立女子参政团体。其中由几个参政团体组合而成的全国性的"女子参政同盟会"比较出名，唐群英任该会会长。1912 年 3 月 11 日，《中华民国临时约法》公布时，条文中没有"男女平等"的原则性规定。8 月 10 日公布的《参议院议员选举法》《众议院议员选举法》中也没有女子的 （转下页注）

国历史上第一次妇女参政权热潮。女性争取参政权的话语策略，无非是复制晚清男性论者征召女权的国族主义话语。理论上，女权主义者援引"天赋人之原权"，特别强调"原权"，说明女性之权利，包括公权和私权，是"女人本身有之，无待他人之界予，或吝予"。①女权作为人之为人的条件，是人格完整的保障，是人道的体现。剥夺女子的参政权"违背人道，灭绝公理"。实践方面，女权主义者重申"尽义务、享权利"的国族主义论证逻辑，提醒男人们女子亦有功于民国创建。"民国创基……我女同胞之协助力亦非小"；②"今日之共和，女子亦出代价以购之，并非男子一方面独构成之者"；③"义务者，权利之对待也。女子

（接上页注①）选举权。1912 年 3 月和 10 月，围绕这三部法律，唐群英率领她的参政同盟会的姐妹们，闹了南京的临时参议院，也大闹了北京的参议院，在当时都是极具看点的新闻事件。1912 年 8 月，同盟会改组会国民党，同盟会原纲领中的男女平权条款被删除，激起同盟会女会员地强烈反对，唐群英率姐妹再闯 8 月 25 日的国民党成立大会，要求恢复男女平权条款，并向女界道歉。盛怒之下，唐氏掌掴了会议主席宋教仁。1913 年 10 月，袁世凯任正式大总统，政治风气益趋保守。11 月，各省女子参政团体被勒令解散。进行了两年的女子参政运动陷入低谷。这段历史被称为"中国历史上第一次妇女参政权运动"（参见顾秀莲主编《20 世纪中国妇女运动史》上卷，中国妇女出版社，2008，第 110 ~ 115 页。）

① 《女子参政同盟会参政请愿书》，载中华全国妇女联合会妇女运动历史研究室编《中国近代妇女运动历史资料（1840 ~ 1918）》，第 602 页。

② 《杨季威致某报记者书》，《妇女时报》第 6 期，1912 年 5 月 1 日，载中华全国妇女联合会妇女运动历史研究室编《中国近代妇女运动历史资料 1840 ~ 1918》，第 537 ~ 538 页。

③ 《女子参政同盟会欢迎万国女子同盟会代表大会》，《民立报》1912 年 9 月 27 日，载中华全国妇女联合会妇女运动历史研究室编《中国近代妇女运动历史资料（1840 ~ 1918）》，第 600 页。

之义务既不稍逊于男子，则权利何得独不与男子同享？"① 这些女权主义者尽管在争取参政权的行动上故意采取激烈的行为艺术的手法，脚踢参议院警卫、掌掴宋教仁，以期引起媒体和公众的关注；但在与男性抗争的表象背后，这些女权主义者在理论层面上仍把女权目标锁定在争取公共领域的法律上的平等，竭力避免女权进入私人领域（家庭领域）。反之，她们重申了晚清自由主义女权一再声明的女权无害于男权，且有助于男子之功用。"女权不张，则男子对于家庭仰事俯蓄之务当全负其责，其结果往往有因儿女情长竟使英雄气短者。溺情者无论也，其他则大抵原于家庭女子之无独立生活、充分知识、不能相助为理者，比比然矣。是故男之不强，实由女之不振，女之不振，实由权之不张。"② 所以，女子争女权，不仅无害于家庭，而且有益于男子、家庭和社会。但是，这些竭力避免男女间冲突的女子们，并非没有看到男女间冲突的潜在可能性。在晚清男性用"国族"征召女权时，这些积极接受征召的女性并非不清楚女权对于政治革命的工具性作用，只是把女权革命的顺序放置到了政治革命之后，而乐观地寄希望于政治革命成功之后，女性通过参与文明的新政权而顺利地实现女权（"不取得政权，断难达私权完全之目的"③），

---

① 《女子参政同盟会参政请愿书》，载中华全国妇女联合会妇女运动历史研究室编《中国近代妇女运动历史资料（1840～1918）》，第605页。

② 《女子参政同盟会代表唐群英宣言书》，《民国新闻》1912年9月4～13日，载中华全国妇女联合会妇女运动历史研究室编《中国近代妇女运动历史资料（1840～1918）》，第598页。

③ 《女子参政同盟会代表唐群英宣言书》，载中华全国妇女联合会妇女运动历史研究室编《中国近代妇女运动历史资料（1840～1918）》，第598页。

从而消弭潜在的男女间的革命。"政治革命既举于前，社会革命将踵于后，欲弭社会革命之惨剧，必先求社会之平等，欲求社会之平等，必先求男女之平权，欲求男女之平权，非先与女子与参政权不可。"① 这些女性不仅站在本国社会内部"利诱"和"威逼"男性，让他们同意给予女子同等的政治权；而且，这些女性立足全球视域定位中国，祭出男性文明论者乐持的"文明标准"和"文明地图"，再次提醒男子"观于人"的耻辱——中国女子若无参政权，则是中国不文明的体现。"此非独我女界之耻，亦男界之耻也，而亦国民之耻了。如耻之，若莫师之。"② 针对有人提出欧美女子尚无参政权，落后于欧美的中国女子不必急于要参政权，参政论者搬出"公理"和"进化观"来驳斥此观点，并据此说明中国妇女完全能够为西方妇女树立榜样，而不必亦步亦趋追随西方，应超越西方。"要求参政权，肇自英伦姊妹，我女同胞素非好为过举，以相仿效，诚知为今日之所当为耳。一则女子之有参政权，为人类进化必至之阶级，今日不实行，必有他日；则与其留为日后之争端，不若乘此时机树立完全民权之模范。……有当与否，伏祈以公理为断，幸甚！企甚！"③

　　这些女性的论述策略，可以说完全延续了晚清时期文明论框

---

① 《中华民国女界代表上参议院书》，《时报》，1912 年 2 月 27 日日，载中华全国妇女联合会妇女运动历史研究室编《中国近代妇女运动历史资料（1840～1918）》，第 579 页。

② 《女子参政同盟会代表唐群英宣言书》，载中华全国妇女联合会妇女运动历史研究室编《中国近代妇女运动历史资料（1840～1918）》，第 599 页。

③ 《杨季威致某报记者书》，《妇女时报》第 6 期，1912 年 5 月 1 日，载中华全国妇女联合会妇女运动历史研究室编《中国近代妇女运动历史资料（1840～1918）》，第 538 页。

架下的女权话语。但是，这些接受男性启蒙、接纳文明论方案、
接受国族主义召唤、参与建国大业的女性们，以“尽义务、享
权利”的逻辑，要求与男子享有同等国民权利时，国族主义者
不仅以女子“程度不够”，而且从“社会秩序”的角度拒绝给予
女子参政权利。发表在《民立报》上的一篇署名“空海”的文
章论证了拒绝给予女子参政权的三个理由：“女子之知识程度不
足”、“男女之特性”和“社会秩序”。[1] 这篇文章在当时引起了
较大反响，并引发了论战。空海提出的第一个理由，实则是自由
主义政治理论的核心问题——理性与公民资格的问题。第二和第
三个理由是以“男女有别”（已不是传统儒家秩序的“男女有
别”，而是基于生物论基础的“男女有别”）和“家庭”（已不
同于父－子纵轴结构的父权制的传统儒家家庭，而是夫－妻横
轴结构的以男子为中心的现代小家庭）对于社会秩序的重要性，
论证女性在新社会秩序中的位置——男主外、女主内的性别分
工的合理性，以此说明即使女子程度达到了参政要求，也不宜
参政。当时也有女性论者支持空海的论点。一位自称曾游学美
国并涉猎各国政治概要的女士张纫兰，写信给《民立报》，并特
别对空海的第二个和第三个理由进行附议。她从“天职”角度
论证“女治内”的正当性，把男主外、女主内视为各司天职的
性别分工，无违平等与自由。张纫兰甚至未雨绸缪地预见女性
像男子一样追求家外事业可能会出现“无夫主义”，而担忧造成

---

[1] 空海：《对于女子参政权之怀疑》，《民立报》1912 年 2 月 28 日，载中华全
国妇女联合会妇女运动历史研究室编《中国妇女运动历史资料（1840~
1918）》，第 539~540 页。

"中华民族行极灭绝"。① 当然，张纫兰的女性身份撕裂了以"女性"身份作号召的女权运动的"天然"的团结和统一，多少让当时这场运动的倡导者难堪和痛心。张汉英②复函张纫兰这位"吾之至亲至密之姊妹"，称"在吾辈偶出于立论之异，在他人遂假之为同室之戈"，呼吁"同舟共济之心"，以免造成"各聘舌端，互相訾谪，沉沉女界，宁复有光明之一日耶？……以贻二万万同胞前途之黑暗"。③ 二张各树一帜的论辩彰显女性内部的差异，透露出以性别身份和"姐妹情谊"作为女性团结基础的虚浮和根基不固，似乎是对其后百年间逐渐展开的女权运动内在困境的一次预警。如果说留学日本的张汉英和游学美国的张纫兰之间的差异还算不上是阶级之间的差异，最多是同一阶级的女子对未来社会秩序及其内嵌的性别秩序的不同想象，那么同时期的另一位女性何殷震从无政府主义视域出发，提出的女界革命，则直截了当地挑明了妇女内部的阶级差异。

围绕第一次参政权运动的辩论浮现的问题，已超出了男性的

---

① 《张纫兰致空海函》，《民立报》1912 年 3 月 9 日，载中华全国妇女联合会妇女运动历史研究室编《中国妇女运动历史资料（1840~1918）》，第 545 页。

② 张汉英（1872-1916），字惠芳，号惠风，湖南醴陵人。父张云齐，为附贡生。夫李发群。张汉英曾入新式学堂——长沙女子中学堂读书。1904 年作为湖南的官费生，与丈夫同赴日本留学，并一起加入同盟会。1913 年的讨袁战事失利后，李发群被张勋所杀，女子参政运动也正陷入低谷。张汉英与唐群英——第一次女子参政运动的另一位妇女领袖，回归湖南乡里，从事女子教育。张汉英创办"醴陵女子学堂"。（参见《同盟会女志士张汉英传略》，《湖南文史》第 43 辑，1991。）

③ 《张汉英复张纫兰函》，《民立报》，1912 年 3 月 21 日，载中华全国妇女联合会妇女运动历史研究室编《中国妇女运动历史资料（1840~1918）》，第 541 页。

国族主义是否"背叛"和"利用"女权的问题，揭开了文明论框架下女权诉求的内在困境，或者说，揭开了转型之后现代社会里妇女的结构性困境。而且造成妇女困境的这一结构有着现代"科学"知识的支撑。第一，持反对立场的两位论者并非是冥顽不化的守旧人士，他们并不反对抽象的男女平等和同等自由，但在具体的社会实践中，他们相信"男女有别"和"男主外、女主内"的社会秩序的正当性和合理性。第二，这个新秩序的道德基础和正当性基础已经不是古代的儒家伦理，而是现代的"科学"知识，包括以性属（sex）类分人的生物学知识和社会进化史观。如果没有以生物人的观念替代儒家秩序中的人观，"女性"——以性属类分的人群，就不会成为一个社会身份和一个社会群体。没有"女性"身份，女权就失去了立论基础。没有作为一个社会群体的"妇女"，女权运动也就失去了社会根基。但是，强调性"别"的身份意识却是建立在生物性差异之上的，生物性差异为社会性别（gender）的角色分工提供了新的"科学"基础和道德基础。① 换言之，女性在家庭内部的角色和作用，表面上是"女主内"传统职事的延续，事实上其正当性已替换成现代知识和现代观念上的"天职"了。空海提出的女子"程度不足"的理由，尽管至今仍是一个干扰女子参政的理由，却反映了一个可以通过教育补救的经验事实和历史现象。比如在20世纪20年代，蔡元培作为72个团体的请愿代表见黎元洪时，谈到女子参政问题。黎元洪认为此时女子的程度不够。蔡

---

① 宋少鹏：《清末民初"女性"观念的建构》，《中国现代文学研究丛刊》2012年第5期。

元培回应："只问女子参政该不该，不能问伊程度够不够；纵不够，也可用教育补足，不能因暂时的程度关系，而背人道主义，遏世界潮流，剥夺其权利。"① 蔡元培的"人道主义"逻辑自然是延续晚清以降文明论中的天赋人权的观念。事实上，在20世纪初，寻求参政权的女性们也承认女子"程度不足"的现实，为此，她们认为更应该让女子参与政治，并倡议建立法政学堂，给予女子应有的政治教育和实践锻炼，以提升女子参政能力，提高其"程度"。真正困扰女权主义者的是空海和张氏提出的新"社会秩序"下现代女性何处安"身"立"命"的问题。晚清梁启超的女权论述中隐含的女性家内和家外双重角色的问题，在第一次参政运动引发的论争中开始展露出来了。张纫兰的"无夫主义"的忧虑把空海对"社会秩序"失序的担忧一下子推到了极致，彰显出了女权诉求在现代社会中的结构性矛盾，即：崇尚独立自主的个人主义与要求女性尽母职妻职的家庭责任以及尽国民责任之间的矛盾。尽管这种矛盾的展开和激化（如少子化、婚姻家庭的解体）是资本主义程度深化之后的事，但是这种结构性矛盾在传统儒家社会向现代资本主义社会转型之时就已经种下了，或者说是现代社会内在的结构性问题。空海和张氏构想的"社会秩序"实质是在推翻父－子纵轴的家国秩序之后，建立以男－女为横轴的一个全新的社会秩序。自由主义构想的现代社会新秩序是由个人—家庭—国家/社会构成的三个层级结构。但是对于国民－国家的结构来说，"家庭"在这个结构中实质是可以

---

① 万璞女士：《女子参政与国家问题》，梅生编《中国妇女问题讨论集》第三册，初版1923年，新文化书社，1929。

隐身的。某种意义上说，在国民－国家，或者说在个人－社会的结构里，"家庭"类似于一个过渡性的制度安排。当国家和社会仍把大部分国民的再生产职能，特别是生育和照料责任留给家庭，且这些责任被认为是"适合"女性的，是女性的"天职"时，造成了女性的"个体人"（女国民、职业女性）和"家庭人"（妻子和母亲）双重角色的冲突。而对于男性，家庭作为帮助男性处理再生产职责的单位，有助于男性活跃于公共领域。这是现代社会里女性的结构性困境。换言之，从传统儒家秩序转型到现代"文明"社会秩序后，仍是一种男性中心的有利于男性的性别化的社会结构。①

空海、张氏与女权派的对立绝非传统与现代的对抗，而是现代社会秩序内部的冲突。空海与张氏也绝非是在传统语境里指责女子参政权运动，而是在现代社会结构里理解女权所追求的女性的角色和社会位置。他们清楚地意识到女子参政权的诉求实质是把女子安"身"立"命"的场所和意义安置在公共领域，从而引发了他们对于"失序"的担忧。事实上，中国的"现代"之路至今已走过百年，要求"女性回家"和要求女子尽国民义务的两种声音都没有消失过。这两种看似矛盾的声音，实质都来自于国民－（家庭）－国家、个人－（家庭）－社会同一个结构的要求。同时，我们还要看到，在具有家国传统的中国，这个结构往往被理解成嵌套型的"小我"与"大我"的关系（这也是晚清维新人士把个人权利转化成国民义务的关键性的想象的结

---

① 宋少鹏：《平等与差异：近代性"别"观念双重特性的建构》，《妇女研究论丛》2012 年第 6 期。

构），并非是西式的对抗性的家庭领域（私人领域）与公共领域分离的社会结构。所以，女人的家内责任，包括女人的生育和养育责任被视为为民族和国家尽责任。在 20 世纪，当国家议程需要时，比如抗战时期的救国运动、集体主义时期的国家建设运动，都会呼吁女性走出家庭尽国民责任。有意思的是，有时即使在同一个历史时期，会基于服务国家和社会的同一理由，同时发生让"妇女回家"和"让妇女走出家庭"的两种声音，比如抗战时期发生的"妇女回家"的争论。[①] 20 世纪末 21 世纪初，中国驶入市场化的快车道，资本主义经济模式的发展，社会迅速地向个体化社会转型。女性，一方面作为自由劳动力，被资本和国家召唤出家庭；另一方面，作为妻子和母亲，又经常被资本和国家要求回归家庭（也表现为国家和社会对于家庭伦理的呼唤），因为社会和国家仍需要由家庭承担再生产劳动方面的主要职责和成本。妇女劳动力因其临时性——家庭照料责任会时常要求女性中断劳动，成为非正规就业队伍中的主要劳动力。妇女不光是劳动力的蓄水池，本身也是廉价劳动力。这虽是百年后的后话，但是百年前为参政权抗争的女性和百年后为家庭与职场分身乏术的女子，面临的是同一个社会结构。这个社会结构就是文明论的现代性方案送给中国女性的礼物，也是自由主义女权运动所处的社会结构。总体而言，自由主义女权试图回应和处理"妇女问题"，但基本是在文明论提供的政治－经济体制内追求妇女权利和改善妇女处境，并不质疑这一现代体制，所以也无法解决妇女的结构性困境。

　　晚清的何殷震看到现代资本主义政治－经济体制并不会带来

---

① 顾秀莲主编《20 世纪中国妇女运动史》，第 377～384 页，第 483～490 页。

所有阶层妇女的彻底解放，拒绝接纳文明论的现代性方案，提出一种激进的解放方案——无政府主义框架下的"女界革命"，一种完全不同于自由主义女权的未来世界和女权革命道路的想象。

二　超越文明论：无政府主义框架内的"女界革命"

与自由主义女权接纳文明论，在文明论的政治经济框架下追求女性权利不同，何殷震[1]（又名何震，1886－?），在无政府主义视域内提出"女界革命"，在目标上超越文明论框架下的女权诉求，在手段上也突破依托国家主义框架建立的自由主义女权路径，把破除"男女阶级"的女界革命视为打破社会各种等级压迫的关键和枢纽。无政府主义对一切权力制度的拒绝，使其拒绝西方文明论提供的女权方案，即：在民族－民权的国家制度和私有制的经济制度下追求男女平权和女性自主权。这种女权方案被何殷震斥为"伪文明""伪自由""伪平等"。对于何殷震来说，女权主义斗争不属于民族主义、种族中心主义和资本主义现代化的议程；相反，它是一场彻底的社会革命。这场革命要废除国家和私有财产，带来真正的社会平等，并且废除一切形式的社会等级制[2]。何殷震对于男女绝对平等的目标的追求，以及"男子为

---

① 何殷震，又名何震，中国最早的女权主义理论家，但经常作为中国著名的无政府主义者刘师培的妻子而被提起。"殷"是母姓，何殷震把母姓放置在父姓"何"之后，父母双姓，以示对现实世界中性别不平等的反抗和对男女平等的践行。

② 刘禾、〔美〕瑞贝卡·卡尔、高彦颐：《一个现代思想的先声——论何殷震对跨国女权主义理论的贡献》，陈燕谷译，《中国现代文学研究丛刊》2014年第 5 期。

女子之大敌""女子复仇"之类的激进口号，让中国无政府主义阵营里的男子感到不舒服。鲜明的女权主义特性撕开了何殷震与无政府主义阵营里男子的思想裂缝。在革命道路的设想中，何殷震把"女界革命"的重要性提升到开展诸种社会革命的起点和关键。"实行人类平等，使世界成为男女共有之世界，欲达此目的，必自女子解放始"① 的革命次序，不同于男性无政府主义者的革命构想，展现了何殷震的思想的原创性②。

何殷震汲取马克思主义妇女解放理论对于资本主义财婚制度的批评，在无政府主义框架下构想了一条以"男女革命"为核心的追求人类彻底平等的社会革命道路，即"女界革命"的道路。何氏的无政府主义框架下的"女界革命"理论，既与晚清的自由主义女权展开对话，又与无政府主义内部的男权展开对话，且对于两者都既有吸纳，又有批判与超越。这种双重特性使何殷震的"女界革命"的论述在晚清直至今天的女权论述中独树一帜。

（一）"女界革命"对"女权革命"的超越：共识和别途

第一，"女权"，是何殷震所生活的那个时代的时尚新名词，是维"新"的人士所乐用的词语，代表先进与文明，甚至有论

---

① 震述：《女子解放问题》，《天义》第七卷"社说"栏（1907 年 9 月 15 日）；续载第八、第九、第十卷合册"社说"栏（1907 年 10 月 30 日）。

② 刘禾等海外学者重新挖掘何殷震女权思想的现代价值，通过与西方女权主义理论的对话，在全球/跨国女权主义理论地图中重新定位何殷震的女权思想。在对其思想的理论阐释中，她们首先把何殷震定位为"一个原创性思想家和有力度的社会理论家"。（参见刘禾、〔美〕瑞贝卡·卡尔、高彦颐：《一个现代思想的先声——论何殷震对跨国女权主义理论的贡献》，《中国现代文学研究丛刊》2014 年第 5 期。）

者提出二十世纪是女权革命的时代。那么，何殷震为什么在
"女权""女权革命"的词外，另提"女界革命"呢？何殷震并
非不使用"女权"。何殷震在《女子宣布书》（1907）中称：
"男女革命，即与种族、政治、经济诸革命并行。成则伸世界惟
一之女权，败则同归于尽，永不受制于男。"① 在《女子解放问
题》（1907）中也使用过"女权"一词，批评当时社会里的"女
权"多为男子出于私利而倡导，称女权应由女子通过自己的抗
争来获取。"亦非谓女权不当扩张，特以女子之职务，当由女子
之自担，不当出于男子之强迫；女权之伸，当由女子抗争，不当
出于男子之付与。"② 可见，"女权"仍是何殷震追求的目标。她
在《论中国女子所受之惨毒》（1908）中称："吾辈之所主张者，
扩张女权也，恶男子以强权加之女子也。夫女子为男子强权所
加，固为可闵；若夫己为女子，不能抵抗男权，而徒以横暴之强
权加于服属己身之女子，则其惨毒之罪，尤属可诛。"③ 这段文
字清楚地显示，何殷震是在与"男权"相对的层面上使用"女
权"。1907 年 6 月 10 的《天义》报的"时评"栏，有一篇文章
《悲哉男权之专制》，评论英国女子为争参政权，群聚入议院被
警察拘捕的事件。该评论为女子参政权辩护的理由与晚清自由主
义女权的论述无异，"天之生人既同，则天赋之权亦同"，极力
赞成女子应有议政权，并激烈批评这些"得权"（从君主中争来
民权）之后的男子压制女子参政权，是"女贼"。"女贼"一词

① 何殷震：《女子宣布书》，《天义》第一号（1907 年 6 月 10 日）。

② 震述：《女子解放问题》，《天义》第七卷"社说"栏（1907 年 9 月 15
日）；续载第八、九、十卷合册"社说"栏（1907 年 10 月 30 日）。

③ 震述：《论中国女子所受之惨毒》，《天义》第十五卷（1908 年一月十五）。

是模仿"民贼"一词而造，意指这些男子当初与君主争权时，指责君主是篡夺民权的"民贼"，今天这些压制女权的男子就是篡夺女权的"女贼"。文章标题中也赫然以"男权之专制"为标识。这篇评论署名"志达"，但行文用语与何殷震非常相似，比如这篇文章中批评男子不给女子参政权是"特男子纯全之利己心耳！籍女子已得议政权，然此次压抑之仇决不可忘"①。何殷震思想的研究先驱夏晓虹教授也认为"志达"② 可能是何殷震的笔名。③ 这一具体事例也说明何殷震对无政府主义女界革命的设想，并不只是对未来乌托邦世界的想象，同时也思虑在现实世界中如何争取女权，即反抗男权。争女权、反男权是其所设想的无政府主义"女界革命"的主要手段，只是其"女界革命"的理论境界超越了自由主义女权，并不以获得"女权"为终极目标。

何殷震的"女权"所指与晚清主流话语中的"女权"无异。"权"，既有"权利"之意，又有"权力"之意。无政府主义者对于一切强权的关注，使何殷震之"女权"的内涵更侧重于权力，而不仅仅是权利。在权力的层面，何殷震既反对男子对女子

① 志达：《悲哉男权之专制》，《天义》第一号"时评"栏（1907 年 6 月 10 日）。
② 《天义》第十三、十四卷合册所载《女子教育问题》（"社说"栏，1907 年 12 月 30 日），署名"志达"，目录标题中署名"震述"。《经济革命与女子革命》（"社说"栏，1907 年 12 月 30 日），正文中署名"震述"，目录页署名"志达"。由此可见，"志达"与"震述"可互相替换。夏晓虹教授提出这份证据，指出这两篇文章的目录页与正文中作者署名"存在相互易位，此后亦未有更正说明，可见二者本可置换"。笔者在此详细呈示易位的方式，以此为据。
③ 夏晓虹编《中国近代思想家文库　金天翮 吕碧城 秋瑾 何震卷》，"导言"，中国人民大学出版社，2015。

之强权，也反对女子对女子的强权。这是何殷震的无政府主义理论超越自由主义女权之处。自由主义女权把摆脱男子干预的希望寄托于明达的精英女子对于愚陋之下层女子的教导，用统一的女性身份掩盖了妇女内部的阶级差异和权力关系。

第二，"女界革命"是超越"女权革命"的无政府主义的妇女解放主张。在何氏的理论构图中"女界革命"和"女权革命"是两个层次的概念。"女界革命"包括"女权革命"，但高于"女权革命"。何殷震在《女子复权会简章》中给女子指出两个革命办法，一个是"对女界之办法"，一个是"对世界之办法"。前者是"以暴力强制男子"和"干涉甘受压抑之女子"，后者是"以暴力破坏社会"和"反对主治者及资本家"。可见，"女界革命"包括两个层次的革命：作为微观层面的女权革命和作为宏观层面的社会革命。① 何殷震不仅把破男女阶级的"女界革命"作为无政府主义社会革命的发动机关，"欲破社会固有之阶级，必自破男女阶级始"，而且认为"女界革命"要贯穿无政府主义所倡导的种族革命、政治革命、经济革命诸革命的全过程。因为根据何殷震的观察与判断，现世的政治制度、经济制度、种族制度不仅是等级制度，而且是排斥女子、男子专有之制度，都是男子压迫女子的制度："数千年之世界，人治之世界也，阶级制度之世界也，故世界为男子专有之世界。今欲矫其弊，必尽废人治，实行人类平等，使世界为男女共有之世界。欲达此目的，必

---

① 《女子复权会简章》，载中华全国妇女联合会妇女运动历史室编《中国妇女运动历史资料（1840～1918）》，1991，第212页；同时参见刘慧英：《女权、启蒙与民族国家话语》，人民出版社，2014，第120页。（非常感谢刘慧英老师慷慨与我分享她收藏的《天义》报资料。）

自女子解放始。"① 一方面，女界革命不仅是政治、经济、种族诸革命的起点，也贯穿诸革命的全过程，以达"尽废人治"；另一方面，政治、经济、种族诸革命也是妇女解放的手段和保证，因为只有"尽覆人治"，才能确保男性不再利用种族、政治、经济等制度来压制女子。所以，女界革命，是内嵌在其他革命中，而非独立于其他革命之外，与其他诸革命也非排斥和对抗的关系。在何氏的理论图景中，政治、经济、种族诸革命是包含在"女界革命"内的革命。正如何殷震在《女子复权会简章》中为该会所立宗旨："确尽女子对于世界之天职，力挽数千载重男轻女之风。"②《女子复权会简章》所列出的革命手段包括两部分：对待女界的办法和对待世界的办法。对待世界的方法即无政府主义者所设想的政治、经济、种族诸革命的办法及追求的目标：以暴力破坏社会和反对一切主治者与资本家。"故今日之女子，与其对男子争权，不若尽覆人

---

① 震述：《女子解放问题》，《天义》第七卷"社说"栏（1907 年 9 月 15 日）；继载第八、九、十卷合册"社说"栏（1907 年 10 月 30 日）。

② 《女子复权会简章》，《天义》第一号，第 41 页，引自北京大学图书馆藏本（感谢刘慧英老师慷慨分享这份资料）。此处所引用的宗旨与中华全国妇女联合会妇女运动历史研究室所编的《中国近代妇女运动历史资料（1840～1918）》所收录的《女子复权会简章》之宗旨有文字和意义上的差异。后者所录宗旨为："竭尽对妇女界之天职，力挽数千年重男轻女之颓风。"文后资料来源显示，这份"简章"转译自《世界妇人》第 13 号（1907 年 7 月 1 日），《明治社会主义史料集》别册 1）。本文采信北京大学图书馆版本，认为"确尽女子对于世界之天职"比"竭尽对妇女界之天职"更符合何殷震"女界革命"的思想逻辑，也符合《女子复权会简章》中所包含的整体思想。"简章"第二条"办法"列有两种办法："对女界的办法"和"对世界的办法"，可见何殷震对女子复权会女子所要求的不仅是"竭尽对妇女界之天职"，而且要"确尽对于世界之天职"。

治，迫男子尽去其特权，退与女平，使世界无受制之女，亦无受制之男。夫是之为解放女子。夫是之为根本改革。"① "退与女平"这一目标也与自由主义女权不同：自由主义女权追求与"男子平"，期望拥有与享有特权的男子同等的权力和权利；何殷震追求的是"与女子平"，退回到人人都无特权的社会状态。

从历史阶段上讲，"女权革命"是现实世界中的男女革命，"女界革命"是通往未来乌托邦世界的桥梁。"女权革命"只是这个漫长道路中的一个必经的历史阶段，也是"女界革命"的一种手段。何殷震提倡成立"女子复权会"，就是希望在现实世界中推行女权，在现实世界追求彻底的男女平等。从这个角度出发，就很容易理解她在《女子复权会简章》中稍显怪异和激进的具体的平权手段："不得服从男子驱使"、未嫁之女"不得降身为妾"、"不得以数女事一男"、"不得以初昏之女为男子之继室"。从这层意义上讲，倡导"女子复权"的何殷震是个女权主义者，而且是个希望能身体力行的女权主义者。她在《女子复权会简章》中所开出的平权药方，就是针对现实世界中男女不平等的现象："夫可多妻，妻不可多夫，男可再娶，女不可再嫁，服丧则一斩一期，宾祭则此先彼后。既有号均平者，内夫家而外母家，所生子女，用父姓而遗母姓。"（《天义报启》）② 针对"用父姓而遗母姓"，她身体力行地把母姓加在父姓之后，用复姓。何殷震在《女子宣布书》中列举了女界要争取的七项权

---

① 震述：《女子解放问题》，《天义》第七卷"社说"栏（1907 年 9 月 15 日）；续载第八、九、十卷合册"社说"栏（1907 年 10 月 30 日）。

② 张枬、王忍之编《辛亥革命前十年间时论选集》，生活·读书·新知三联书店，1960，第 818～819 页。

利，除了《女子复权会简章》中的婚制问题、姓氏问题，更是提出了男女教养问题及废娼问题。何殷震要求父母男女并重，并给予男女相同的教养、相同的学术教育，使男女成人后自然能承担一切相同的职务，"无论社会间若何之事，均以女子参政其间"。何殷震认为："凡所谓男性、女性者①，均习惯使然，教育使然。若不于男女生异视之心，鞠养相同，教育相同，则男女所尽职务，亦必可以相同，而'男性''女性'之名词，直可废灭。"② 何殷震提出性别的社会建构理论，以及社会对策，理论境界已远远超出了当时的自由主义女权。在上一节我们看到，当时的自由主义女权主要的理论诉求还在"参政权"上，偶然提及"职业"（如张竹君）。何殷震的女权诉求主要在"社会领域"，并直接切入性别关系的改造：婚姻关系、教育与教养、参与一切社会职务、生育。当时的自由主义女权，特别是男性女权论者，还在以"国民之母"为号召，强化女子生育和母教对于强国之价值。何殷震看到女子生育之苦，以及生育和养育的照料责任对于女子进入公共领域的阻碍，设想未来社会，所生子女进入"公设婴育所"③ 或老幼共用的"栖息所"④，实行儿童公育。"男子不以家政倚其女，女子不以衣食仰其男，而相倚相役之

---

① 此处引文中的"男性""女性"，应理解为"男子特性"与"女子特性"，笔者注。

② 何殷震：《女子宣布书》，《天义》第一号（1907 年 6 月 10 日）。

③ 何殷震：《女子宣布书》，《天义》第一号，1907 年 6 月 10 日。

④ "栖息所"由何殷震的丈夫刘师培在《人类均力说》中提出。刘设想初生小孩及年逾五十的老者都入栖息所，老者以养育稚子为职务。何在为刘文所写的按语中对"栖息所"大加赞扬。《天义》第三卷，1907 年 7 月 10 日，第 18～30 页，署"申叙"。

风，可以尽革"，而"女子无养稚子之劳，所尽职务，自可与男相等。职务既平，则重男轻女之说，无自而生"。① 何殷震认为造成女子社会地位低下、重男轻女的原因是女子所尽的社会职责不及男子。实行照料责任的社会化，既能解除女性进入公共领域的障碍，更深远的作用还在于为男女平等提供制度性保障，有助于改变两性关系。何殷震把造成男女不平等的原因追溯到社会制度的问题上，所以，她的女权革命——女界革命的实质是一场以女性为主体的社会革命，而不是以女性为改造对象的女权运动。何殷震称："吾所倡者，非仅女界革命，乃社会革命也；特以女界革命，为社会革命之一端。"② 如上节所呈现的，维新男士发动女权革命之最初动因是针对女性的改造运动，而自由主义女性论者的话语策略往往是通过自我归责来论证女权的正当性和必要性。当然，何殷震之社会革命，远不止于在既存的社会政治经济框架下寻求有利于女子的社会政策，而是要进行更根本的社会制度的改造。何殷震看到"男子私女子为己有"的制度与财产私有制之间的关系，认为："女子私有制度之起源，与奴隶制度之起源，同一时代，均共产制度破坏之时代也。"③ 即使在资本主义时代，两性关系看似平等自由，女子作为男子的"同伴"出入社交场合，实行一夫一妻制，也仍未摆脱为金钱而结合的财婚性质。自由主义者也看到了女性经济不独立与依附于男子的关

---

① 《天义》第三卷，1907 年 7 月 10 日。何殷震在《人类均力说》文后写了一段"震附记"，此为"震附记"中引文。

② 震述：《女子宣布书》，《天义》第一号，"社说"栏 1907 年 6 月 10 日。

③ 震述：《经济革命与女子革命》，《天义》，第十三、十四卷合册，1907 年 12 月 30 日。

系，但是提出的解决方案是让女子寻求家外职业以"自养"，依托的是资本主义经济体制对于女性自由劳动力的需求。何殷震看到了"职业独立者，即以职业供役于人之异名耳"①，没有摆脱被人奴役的命运。何殷震特别戳破了那个时代刚刚萌芽的中产阶级女性的职业独立梦想。中等人家把女儿送进学堂，以为"学一点普通学"和"一点儿手工"，以为"有一个行业可做"，婚后也"不至于靠男人过活"，但这也摆脱不了女子"靠人吃饭"、随时会被人解雇的命运。她把资本主义劳动制度称为"劳力买卖之奴婢制度"。拿工资的劳动者无非是"仰资本家之鼻息"，且为资本"生财之具"。② 资本家视女子为物，女子"既屈其身，兼竭其力"。她批评男性文明论者引入中国的"富强之学，皆迫人于苦之学"。另外，在私有制度下，富有者利用女子之贫，不仅逼迫贫女入工场，控制女性的身体，剥削其劳力，而且常以女子对工资之依赖逼其满足自己之肉欲，使工女处于"半娼半妾"之地位。③ 所以，资本主义制度下的职业自由，并不能给女子带来真正的自由和独立。何殷震认为女子的解放和真正的男女平等只能存在于实行公产制的社会中，而趋向这个社会的方式只能是"女界革命，必与经济革命相表里。若经济革命不克奏功，而徒欲昌男女革命，可谓不揣其本矣"。④

---

① 震述：《女子解放问题》，《天义》第七卷"社说"栏（1907 年 9 月 15 日）；续载第八、九、十卷合册"社说"栏（1907 年 10 月 30 日）。

② 畏公：《论女子劳动问题》，《天义》第五卷，1907 年 8 月 10 日。继载于第六卷 1907 年 9 月 1 日。

③ 震述：《论女子当初共产主义》，《天义》，第八、九、十合册，1907 年 10 月 30 日。

④ 震述：《经济革命与女子革命》，《天义》第十三、第十四卷合册，1907 年 12 月 30 日。

于是乎，何殷震的"女界革命"又超越了"女权革命"。"女权"只是相对于男性的权利、权势。无政府主义的妇女解放主张不止于女性获得与男性一样的权利，而是要去除一切"权"①。通过去除各领域中的一切强权，男性自无强权可恃以压制妇女。在《女子复仇论》这一充满挑衅的篇名下，何殷震开篇明义：当今世界一切压迫机制都由男子掌控和垄断，所以男子是女子之大敌，但"女子之所争，仅以至公为止境，不必念往昔男子之仇，而使男子受治于女子下也"。由此可见，兴女权之目的并不是让女权成为男权的复制品，女权只是通往"至公"社会的手段。也正是在手段意义上，何殷震支持女权、践行女权，这才是她在《女子解放问题》中所称"亦非谓女权不当扩张"之真正含义。

第三，何殷震对男权的批评更激进和更彻底。自由主义范畴内的男性女权论者，如上文所分析的马君武、梁启超等人，以"女权革命"置换"男女革命"②，将女权纳入国族主义的框架之中，消解男女之间潜在的斗争和紧张。女权不仅无害于男性，而且有益于男性所提倡的民权国家。自由主义框架内的女性论者，尽管一直努力把男性消隐的性别维度和性别裂缝彰显出来，但温婉、自责的表述方式，并未直接把男性置于女性的对立面。

---

① 夏晓虹：《何震的无政府主义"女界革命论"》，《中华文史论丛》，2006年第83辑。

② 夏晓虹把何殷震的"男女革命"的思想源头指向马君武所译斯宾塞和穆勒的女权论述（参见夏晓虹《何震的无政府主义"女界革命论"》一文）。即使何殷震的"男女革命"一词的运用受到了马氏译作的启发，但笔者认为两者只是字面意义上的相同，在内容上存在本质差异。如前文所分析的，马氏译文中的"男女革命"一词的具体内涵是规避男女间革命的"女权"。

她们虽对有利于男子之女权保持着警惕，但也没有把斗争之矛头直接指向男性，而是极力避免激化男女间革命，在资本主义政治经济框架下，尝试女子自求解放或是合群互助。这类自由主义女权更能博得同时代男性的支持和同情，与男性结成暂时的同盟。

何殷震对于男权制和男子自私的批评比自由主义框架下的女性论者更为深刻和尖锐，除了"以暴力强制男子"之类刺耳的言语外，她把斗争之矛头直指男性和男系。她在自己的名之前同时冠于父母双姓，"殷"是她的母姓，她以"何殷震"之名发表文章，挑战儒家传统中父权制度最核心的男系世系制度。何殷震批判男权之剑同时指向新旧两个方向：一个是儒家学术下的传统男子，一个是持文明论解放女子的新派男子。何殷震认为两者的本质是一样的，都是"男子私女子为己有"，男人利用女子而已。她对儒家经典的批判，不同于晚清主流女权论述归责于无责任主体的儒学和礼俗。何殷震批儒家学术，剑指男性和男权制，指出"男子以学自私"，"倡此说之人，即自便其私之人"。对于儒家学术，何殷震早于新文化运动十年喊出了："儒家之学术，均杀人之学术也。"[①] 何殷震的先锋性并不在于时间，也不在于激进性。时间上，对于儒家学术的批评，西方传教士早于何殷震。何殷震的先锋性在于她坚定的女权主义立场和其所批判的内容。五四新文化运动"打倒孔家店"是男女青年推翻父权，在文化上的弑父运动，而何殷震却是从推翻男权的角度批评儒家学

---

① 震述：《女子复仇论》，《天义》第三卷，第二号，"社说"栏（1907 年 6 月 25 日）；续载于第三卷（1907 年 7 月 10 日）；第四卷（1907 年 7 月 25 日）；第五卷（1907 年 8 月 10 日）；第八、九、十卷合册（1907 年 10 月 30 日）。

术。从维新派到五四知识分子，这些"男性女权主义者"一直借"妇女"言说政治，构想对新社会的欲望①，却一直回避和拖延对两性间关系的重构——男女革命。即使到了 20 世纪 20 年代，章锡琛等妇女主义者开始推进新性道德讨论，试图为新社会新的两性秩序提供新的道德基础，建构的也是男性中心的两性秩序。当然，这是后话。而何殷震是以"男女"这一分析框架②，批评"女从男、男率女"的儒家意识形态及其指导下的礼俗与法律——贞操杀人、连坐之法，使女子无辜受戮。当然，何殷震用"男女"这一性别框架来批评儒家秩序时，已是一种现代性的思想，对现代社会的想象已然不同于父 - 子纵轴的儒家秩序了。所以，何殷震的思想同样是一种"反（文明论）现代的现代性"思想。③

对于推崇西方文明、"解放"妇女的现代男子，她同样批评这些男子实则也是基于男子私心，是出于男子之名利而不是为了利于女子而发动女权。何殷震指出了男子发动女权运动的三个原因。一是男子博"文明"之名。中国男子崇拜强权，视欧美国家、日本为今日文明之国，所以仿行其制，让自己的妻女放足入学，以获中外人士赞自己为"文明人"。这美誉不仅事关个人，而且关系到家庭荣誉。所以，崇拜欧美文明的人士推行女权，无非是利用女子成就自己的文明美名。二是有利"男子之私"。让女子学习实用之学、一技之长，男子可以"抒一己之困"，名曰

---

① 刘慧英：《女权、启蒙与民族国家话语》，人民出版社，2014，第 57 页。

② 刘禾、〔美〕瑞贝卡·卡尔、高彦颐：《一个现代思想的先声——论何殷震对跨国女权主义理论的贡献》，陈燕谷译，《中国现代文学研究丛刊》2014年第 5 期。

③ 借用汪晖"反现代的现代性"的概念。

使女子独立，实则是男子获利。三是有利于男子之家。中国男子向以家自私、后嗣为重，把治家教子之事归于女子。何殷震一针见血地指出当时的女学首重家政，只不过是希望通过"文明女子"，让女子用文明的方法治家教子，但"家"仍是男子之家，"子"仍为男子之子，所以，男子是为求己身安逸而解放女子。"今日之解放女人出于男子之自私自利，名曰助女子以独立，导女子以文明，然与女子以解放之空名，而使女子日趋劳苦"；"男子之解放妇人，亦利用解放，非真欲授权于女"。[①] 何殷震一语道破了晚清维新男子所倡女权的男性中心的问题。

第四，何殷震批评西方文明论框架下的女权是"伪自由""伪平等"。何殷震认可西方两性关系方面胜于中国的地方在：结婚离婚均可自由，兼可再嫁；实行一夫一妻之制；男女同受教育，男女同入交际场。但是，何殷震认为这只是表面上的解放、肉体上的解放，而不是精神上的解放。何殷震从无政府主义彻底解放的标准出发，指出解放应该是"不受缚束"。而欧美婚姻之制，一缚于权与利，二缚于道德，三缚于法律。"缚于权与利"，指男女双方结婚的目的是为了对方的财产（利）和权势门第（权）。"缚于道德法律"，指很多婚姻不过为宗教、法律、伪道德所牵制，名为一夫一妻，实则多有私通奸情。另外，欧美虽然男女同受教育、同入交际场，但服官议政的女子很鲜见，参军从警更是与女子无关。由此可见，西方的男女平等也不过是有其名而无其实。所以，何殷震要唤醒"震于欧美之文明"，以欧美女

---

①　震述：《女子解放问题》，《天义》第七卷"社说"栏，1907 年 9 月 15 日；续载第八、九、十卷合册"社说"栏，1907 年 10 月 30 日。

子解放为目标的亚洲女子。①

何殷震除了揭开欧美男女平等表象下的虚伪和不足，还希望为中国妇女指出女子解放的真正道路：必须掌握改造社会之权。但改造社会之权，既不是马君武等推崇的公权，把女权运动吸纳到建设现代民族国家的方向上，也不是自由主义女权所追求的妇女参政权运动。直到 20 世纪 20 年代的妇女参政权运动中，仍有一些女权主义者把"参政看作保障女子权利的最有功效的方法"，甚至把女子参政视为一揽子解决教育平等权、财产平等权等其他女权的"唯一方法"，试图"毕其功于一役"。② 如上文所提到的，对于约翰·穆勒，参政权只是职业权的一种，并未上升到牵一发而动全身的枢纽位置。对参政权之重视，是近代文明论图景下女权与国族纠结之后的历史产物。何殷震从无政府主义的视域出发，反对女权运动只重视"女子职业独立"和"男女参政权之平等"。③ 何殷震从阶级压迫和妇女内部差异的角度出发，批评自由主义女权的不彻底性。从女性内部的差异出发，职业独立只是解放了个别"女子"，而不是所有的"妇女"。何殷震特意使用"女子"和"妇女"两个词语来区分妇女内部的两个群体。"女子"应是有文化和一技之长的独立的新女性，"妇女"——出嫁为妇，在家为女——是全体妇女的集合名词，且与婚姻家庭有着隐晦的关联。在当时的社会条件下，通过职业来寻

---

① 震述：《女子解放问题》，《天义》第七卷"社说"栏，1907 年 9 月 15 日；续载第八、九、十卷合册"社说"栏，1907 年 10 月 30 日。

② 《女子参政协进会宣言》，《妇女杂志》1922 年第 8 卷第 9 号。

③ 震述：《女子解放问题》，《天义》第七卷"社说"栏，1907 年 9 月 15 日；续载第八、九、十卷合册"社说"栏，1907 年 10 月 30 日。

求妇女解放，也只是极少数上流社会家庭中知识女性的特权。

对于参政权，何殷震认为无非是让少数参政女子处于主治之位，使多数无权之女子受其统治。后果不只是男女间的不平等，女界之中亦生出不平等之阶级。自由主义框架内的女性女权论者，如陈撷芬，也看到了女性内部的差异，即少数"明达女子"与绝大多数"愚媪蠢婢"① 的区别，但这是从精英女性的立场出发，以精英女性教育普罗妇女大众的方式来寻求妇女内部的一致性，以此来对抗男性对妇女的干预，建立起相对于男子的女性独立。换言之，自由主义女权为了从男性主导的国族主义框架中挣脱出来，需要彰显性"别"维度，强调性"别"身份，建构性"别"认同（如合群结社）。统一的性别身份有意无意消弭和掩盖了妇女内部的差异。何殷震却从下层女性的视角，看到了上层妇女对于下层妇女的潜在压迫性，认为男子压迫女子为不公，女子压迫女子同样是不公。"故吾辈之旨，不惟排斥男子对于女子所施加之强权，并反抗女子对于女子所施之强权。"② "所谓男女平等者，非惟使男子不压抑女子已也，欲使男子不受制于男，女子不受制于女，斯为人人平等。"③ 何殷震从无政府主义反抗一切强权的角度出发，认为权力所在之地必是压制所生之地。所以，"国会政策为世界万恶之原"，苟非行根本改革，使人人平等，宁舍选举权而勿争，慎勿助少数女子争获参政权。何殷震所称的"根本改革"，即是无政府

---

① 陈撷芬：《独立篇》，载中华全国妇女联合会妇女运动历史研究室编《中国妇女运动历史资料（1840～1918）》，第 246 页。

② 震述：《论中国女子所受之惨毒》，《天义》第十五卷，1908 年 1 月 15 日。

③ 震述：《女子解放问题》，《天义》第七卷"社说"栏，1907 年 9 月 15 日；续载第八、九、十卷合册"社说"栏，1907 年 10 月 30 日。

主义理论视域中的政治上的"废政府"和经济上的"共产"。"政府既废,则男与男平权,女与女均势,而男女之间亦互相平等";"惟土地、财产均为公有,使男女无贫富之差,则男子不至饱暖而思淫,女子不至辱身而求食,此亦均平天下之道也"。①

此节可见,何殷震是女权主义者,但她又超越了自由主义框架下的女权主义。她之所以在"女权"这一概念之外,创造性地使用"女界革命"一词,表达的是其对于"妇女解放"的理解。"解放"是相对于"压迫体制"而言,在无政府主义视域内,何殷震之目标是破除一切压迫体制。如果说从字面意义上,"女权"是相对"男权"而言的,追求在既存体制内拥有与男性一样的权利与权力,那么,"女界革命"追求的是彻底的人类解放和摆脱一切强权压制。

(二)"男女革命"对"无政府主义"的修正:无政府主义视域中的"女界革命"

如上节所分析的,何殷震是女权主义者,但她不同于自由主义框架下的女权主义者。何殷震"女界革命"的思想无疑受到了无政府主义理论的影响,并在无政府主义的理论框架内。何殷震对现实生活中的女性的关切以及彻底的男女革命的立场,使她的"女界革命"不同于无政府主义阵营中的男性对于"女界革命"的设想,而具有了鲜明的女权主义特色。也可以说,何殷震用女权主义对无政府主义理论做出了某些修正,矫正了无政府主义的男性中心的偏差。

第一,"女界革命"在无政府主义革命中的地位和次序不同。作为反抗一切社会不平等的无政府主义理论,无政府主义

---

① 震述:《女子复仇论》,《天义》第二号,1907 年 6 月 25 日。

的理论视域自然是吸纳了男女平等的诉求。但是，男性无政府主义者与何殷震对于"女界革命"在革命中的地位和次序的理解不同。何殷震把破"男女阶级"视为开启一切革命的起点，贯穿诸革命过程，也是革命的终点。"女界革命"先行："欲破社会固有之阶级，必自破男女阶级始。"① 尽管何殷震并没有把"女界革命"视为无政府主义革命的唯一目标，而提倡"男女革命与种族政治经济诸革命并行"②，但是她也充分认识到"女子私有制度"与财产私有制之间的密切关系。她在《经济革命与女子革命》中甚至提到"如欲实行女界革命，必自经济革命始"，似乎在革命的地位和次序中，把"经济革命"看得更为重要，更为根本。恰在同一篇文章中，她又称"女界革命，必与经济革命相表里。若经济革命不克奏功，而徒欲言男女革命，可谓不揣其本矣"③。另外，何殷震在《天义报启》中明确地表示她倡女界革命的原因就是为了对现有革命学说盲视"男女阶级"的情况进行纠偏："顾今之论者，所言之革命，仅以经济革命为止。不知世界固有之阶级，以男女阶级为严。"所以，对于何殷震而言，"女界革命"与"经济革命"之间不仅是不可分割的表里关系，同时"男女革命"是与种族、政治、经济诸革命"并

---

① 《天义报启》，载张枬、王忍之编《辛亥革命前十年间时论选集》，生活·读书·新知三联书店，1960，第819页。

② 《天义报启》，载张枬、王忍之编《辛亥革命前十年间时论选集》，生活·读书·新知三联书店，1960，第819页；何殷震：《女子宣布书》，《天义》第一号，1907年6月10日。

③ 震述：《经济革命与女子革命》，《天义》第十三、十四卷合册，1907年12月30日。

行"的革命，而且"女界革命"是破坏现有社会的各类革命中不可缺少的内在一环，其他诸革命也是"女界革命"最终实现的保证。正如刘禾等研究者指出的，"男女有别"在何殷震的理论框架中是一个更根本、更形上的分析概念。何殷震认为，"男女有别"是"中国社会生活和政治生活组织中最基本的物质的和形而上的权力机制"，内在于儒家社会的学术、礼俗、政治、经济、社会、家庭等基本制度①。所以，"女界革命"实则是用"破男女阶级"的方法来撬动儒家社会的政治经济社会家庭各个社会制度。如何殷震所言，"夫以男女阶级之严，行之数千载，今也一旦而破之，则凡破坏社会之方法，均可顺次而施行"②。

但无政府主义阵营中的男同事，似乎对于何殷震的"男女革命"的提法有所保留。张继，与何殷震丈夫刘师培一起在东京创办"社会主义讲习会"，1908 年 1 月从日本流亡欧洲。他在1908 年 4 月写给东京同人的信中要求把《天义》报办成无政府主义团体的机关报，提出"需将'女子复仇'诸语，稍加改变，当以'自由恋爱'为最确当。且西方革命党舍英国外，亦鲜有男女之界者，惟以社会革命为主而已"③。张继明显对何殷震"女子复仇"之类的激进口号颇为不满，希望把妇女解放议题收纳进"社会革命"，这与何殷震把女界革命定位为"社会革命之一端"（《女子宣布书》）已然不同。尽管何殷震同样不希望把

---

① 刘禾等：《一个现代思想的先声——论何殷震对跨国女权主义理论的贡献》，陈燕谷译，《中国现代文学研究丛刊》2014 年第 5 期。

② 《天义报启》，载张枬、王忍之编《辛亥革命前十年间时论选集》，生活·读书·新知三联书店，1960，第 818~819 页。

③ 《张继君由巴黎来函》，《衡报》第 4 号"来函"栏，1908 年 5 月 28 日。

"女界革命"限定在女子本身，而希望把女子问题扩展到社会问题，以彰显女界革命的重要性。但张继是想以"社会革命"收编男女革命，取消男女革命的必要性，似乎伴随社会革命的实现，男女平等自然就实现了。而现实世界中的男女间压迫和不平等的改造并不需要像何殷震所主张的向男子夺权，向男子复仇，而只需实行自由恋爱（性自由）。

另外，张继建议把《天义》报改造成无政府主义的机关报，对于《天义》报首先是作为"女子复仇会"的机关报面世这段历史似乎毫不在意。为此，刘慧英严厉地批判了无政府主义派别中的男性是"不自觉地承袭男权中心的传统"，并"篡夺"了《天义》报作为"女子复权会"机关刊物的地位，削减何殷震在《天义》报中的话语权，把《天义》报改造成男性主导的"社会主义讲习会"的机会刊物。① 不管是出于无政府主义内部的性别斗争②，还是易于激动的何殷震"知难而退和热情消减"的性格因素使然，抑或是幼年的严格闺训促使何殷震选择夫"倡"妇随③，何殷震的声音在《天义》报后期逐渐隐没却是不争的事实。而且《天义》报的宗旨确实发生了微妙的变化。《天义》报每期的扉页上都印刊物的简章，其中第一至七卷的第一条"宗旨及命名"："以破坏固有之社会，实行人类之平等为宗旨，于提

---

① 刘慧英：《从女权主义到无政府主义——何震的隐现与〈天义〉的变迁》，《中国现代文学研究丛刊》2006 年第 2 期。

② 刘慧英：《从女权主义到无政府主义——何震的隐现与〈天义〉的变迁》，2006；刘慧英：《女权、启蒙与民族国家话语》，2013。

③ 夏晓虹：《何震的无政府主义"女界革命论"》，《中华文史论丛》，2006 年第 83 辑。

倡女界革命外，兼提倡种族经济诸革命，故名曰'天义'"。[1] 从第八[2]、九、十卷合册起，宗旨发生了改变："破除国界种界实行世界主义；抵抗世界一切之强权；颠覆一切现近之人治；实行共产制度；实行男女绝对之平等。"[3] 后者（第八、九、十卷合册）尽管没有放弃男女平等的追求，并加了"绝对"两字，但是两者的表述上存在重大的差别，不仅仅在于语序上的变化，更是内容上的差异。前者（第一至七卷）的表述侧重于革命之手段，后者的表述侧重于乌托邦社会的内容。首先，前者对乌托邦社会的表述是"人类之平等"。按照何殷震对于人类平等的激进想象，在完全平等的理想社会里，只有人类，而"'男性'、'女性'之名词，直可废灭"（《女子宣布书》）。而在后者对理想社会的想象中，男女分类仍是存在的。其次，因为后者侧重于革命的乌托邦目标，淡化具体之革命手段，只是笼统地谈"抵抗世界一切之强权"，"颠覆一切现近之人治"，从而淹没或者说消解了"女界革命"之重要性和必要性。这与张继的思路实则是吻合的，而与何殷震创办"女子复仇会"，提倡和彰显"女界革命"之主张却是背离的。

第二，"男女革命"的内容和手段之不同：恋爱自由抑或女子复仇？ 由留法的中国无政府主义者创办的《新世纪》，差不多与《天义》（留日的中国无政府主义者）同时期创刊，也发表过一些谈论"男女革命"和"女界革命"的文章。男性论者从无政府主义的理论视域出发，自然也认为"男女之不平等，实公

---

[1] 另可见 1907 年 6 月 15 日出版的《复报》所载《天义报启》。

[2] 第 8 期的时间为在 1907 年 10 月。

[3] 刘慧英：《女权、启蒙与民族国家话语》，第 122 页。

理所最不能容者"①，且认为破男女间强权要比破君民、贫者富
者间的强权更困难。因为强权与弱者"互有盛衰、互有胜负，
故其冲突较易，故革命之果实早熟"，而"男女之强权弱力，乃
自然生成，强者永强，弱者永弱，故至今他处革命已大进步，而
男女之不平等仍黑暗如故也"②。这一论点，似乎与何殷震认为
"世界固有之阶级，以男女阶级为严"的观点相似。但前者突出
男女权力差异的"自然生成"，后者强调男女权力，等级的后天
制造。且对于如何解决男女不平等的方法，男性的方式相比何殷
震在《女子复权会简章》和《女子宣布书》中所列举的具体行
为规范，要空洞得多，虚得多。这位署名"真"③的作者认为，
一切不平等都起因于强权，包括物力之强权和迷信之强权。破强
权自破迷信始。迷信为保强权，迷信破，强权不能独存。迷信，
即伪道德也。所以，"男女革命，以破坏伪道德为第一要图"④。
这似乎与何殷震在其长文《女子复仇论》中对于儒家学术之剖析声
讨有异曲同工之妙，但是，"真"对所谓的"迷信"，只是统笼地称
之为对妇女思想的禁锢，所以，他为女性推荐了两位法国的女性，
一个是法国女科学家礼马（Marie Sklodowska），一位是被无政府党人
推崇的法国革命党人药师未易路（Louise Michel）⑤，证明女子

---

① 真：《女界革命》，《新世纪》1907 年第 5 期。
② 真：《男女之革命》，《新世纪》1907 年第 7 期。
③ 刘慧英认为在《新世纪》上署名"真"的作者是李石曾。参见刘慧英《女权、启蒙与民族国家话语》，人民文学出版社，2013，第 105 页。
④ 真：《男女之革命》，《新世纪》1907 年第 7 期。
⑤ 《天义》报亦刊登 Louise Michel 的生平与画像，中文名译为"露依斯米索尔"，见《天义》第二号，"图画"栏，1907 年 6 月 25 日。画像又载《天义》第八、九、十合刊"图画"栏，1907 年 10 月 30 日。

"无不应为，无不能为"。① 似乎女性的解放只需要女性自己解放思想、破除迷信、敢作敢为。无政府主义男性与自由主义维新男士，在理解女性受压迫的问题上似乎很相似，都将原因归结到女子本身以及女子之愚昧，需等待男子先进思想之启蒙。妇女解放之路就是召唤女性的主体性，而对革命过程及创制的新制度中潜在的男性优势似乎毫不觉察，也不在意。

除了思想之解放之外，在具体的行动手段上，无政府主义的男性主张以"毁家"和"自由恋爱"作为追求男女平等的方式。在张继从巴黎寄来的信中，提出以"自由恋爱"作为男女革命的手段，取代何震的"女子复仇"的方式，这一观点并非张继个人独有，似乎是无政府主义阵营中男性的主流看法。

> 自有家而后各私其妻，于是有夫权；自有家而后各私其子，于是有父权；私而不已则必争，争而不已则必乱。欲平争止乱，于是有君权。夫夫权父权君权，皆强权也……家者，实万恶之原也……去强权必自毁家始②。
>
> 故今日欲从事于社会革命，必先自男女革命始……言及男女革命……拔本塞源之计……毁家是已。
>
> 自家破……而后男子无所凭藉，以欺凌女子，则欲开社会革命之幕，必自废家始矣。③

---

① 真：《女界革命》，《新世纪》1907 年第 5 期。
② 鞠普：《毁家谭》，《新世纪》1908 年第 48 期。
③ 汉一：《毁家论》，《天义》第四卷，1907 年 7 月 25 日。

对于无政府主义男性而言，对女性造成压迫的是家庭制度，而不是家庭中的男人。所以，废除家庭制度就能解除对妇女的压迫。他们也激进地批评针对女子的贞操观和性道德上的双重标准，指责"一女不二夫"是伪道德①，倡导男女双方对等的性自由。"设男子别有所爱，则可娶妾嫖娼，女子则不能，其不公之至，人人得而见之。设男子得御他女，则女子亦应御他男，始合于公理也"②；"就科学而言之，男女之相合不外乎生理之一问题。就社会言之，女非他人之属物。可从其所欲而择交，可常可暂。就论理言之。若夫得杀妻，则妻亦得杀夫。若妇不得杀夫，则夫亦不得杀妻。若夫得嫖，则妻亦得嫖。此平等也。此科学也"③。

这种对等的性自由看起来非常公平、激进和彻底，相较而言，何殷震在恋爱自由（性关系）和婚姻制度上却保守得多。何殷震批评这种表面上的对等，实质是为个人的私欲："男既多妻，女亦可多夫，以相抵制。不知女界欲求平等，非徒用抵制之策已也，必以暴力强制男子，使彼不得不与己平。且男子多妻，男子之大失也。今女子亦举而效之，何以塞男子之口乎？况女子多夫，莫若娼妓。今倡多夫之说者，名为抵制男子，实则便其私欲，以蹈娼妓之所为，此则女界之贼也"。④ 这里可以看出，何殷震所追求的"平等"，完全不同于无政府主义男性的平等。相比男同志的"毁家"和"性自由"，何殷震追求的是婚姻内严格的男女对等，甚至在结婚条件上，苛刻到以初婚男配初婚女、再婚

---

① 真：《男女之革命》，《新世纪》1907 年第 7 期。

② 真：《男女之革命》，《新世纪》1907 年第 7 期。

③ 真：《三纲革命》，《新世纪》1907 年第 11 期。

④ 何殷震：《女子宣布书》，《天义》第一号，1907 年 6 月 10 日。

男配再婚女，不惜号称"以暴力强制男子"，保证婚姻内的男女绝对平等。

关于无政府男性提出的性交自由（男女杂交①），何殷震批评这种"自由平等"的实质是"纵欲肆情"，实则是把"解放"狭义化了："然中国近日之女子，亦有醉心自由平等，不受礼法约束者。就表面观之，其解放似由于主动。不知彼等之女子，外托自由平等之名，阴为纵欲肆情之计。盖仅知'解放'之狭意，妄谓能实行纵淫，即系实行解放。"②妇女要求真正的解放，应该去寻求掌握改造社会之权。何殷震反对纵欲，但并不反对自由恋爱，"果出于自由恋爱，犹可言也"。她追求的是真正的纯粹的男女之爱，认为"爱情发于天性，乃出于自然者也。……若处经济革命之后，则结合均生于感情，乃世界最高尚、最纯洁之婚姻也"。③从纯粹的情爱标准出发，她激烈反对财婚，她把基于金钱的结合视为"卖淫"，称为"伪爱"，认为因金钱而结合的婚姻，实质是"辱身以求利"。④可见何殷震对于女性尊严的重视。对于不是出于爱情，即使排除了金钱所诱的性交，她似乎也并不完全赞成："情不自禁，不择人而淫者；有为男子所诱而堕其术中者。"⑤在自由恋爱的问题上，何殷震与无政府主义男性的区别就在于"性爱"与"性交"的距离：精神上的"情"

---

① 例如鞠普《男女杂交说》，《新世纪》1908 年第 42 期。

② 震述：《女子解放问题》，《天义》第七卷"社说"，1907 年 9 月 15 日。

③ 震述：《经济革命与女子革命》，《天义》第十三、十四卷合册，1907 年 12 月 30 日。

④ 震述：《女子解放问题》，《天义》第七卷"社说"，1907 年 9 月 15 日。

⑤ 震述：《女子解放问题》，《天义》第七卷"社说"，1907 年 9 月 15 日。

与"爱"。何殷震强调、追求的是发乎情的身心合一的"性爱"，男性则重生理欲求的"性交"。正因为出于对情爱的追求，何殷震强调严格的一夫一妻制和婚姻内的严格性忠诚。因为婚姻中的忠诚是对情与爱的承诺。何殷震不反对离婚，但是未离婚之前，"男不得再娶，女不得再嫁"。否则，就违背了严格的一夫一妻制（《女子宣布书》）。

如何理解何殷震的保守和无政府主义男性的激进呢？是因为何殷震的无政府主义立场不够坚定和彻底？刘慧英把何殷震与无政府主义男性在性与婚姻家庭上的态度差别看成何殷震作为"天然的女权主义者"与无政府主义之间的距离，所以对冠于何殷震的"无政府主义女权主义"① 头衔持保留态度。对于何殷震论述中表现出来的鲜明的女性意识和彻底的"男女革命"的立场，刘慧英宁可称其为"天然的女权主义"②，暂时撇开是否需要以"毁家"来作为无政府主义者的标尺③。刘慧英准确地指出何殷震与无政府主义男性的差别，是何殷震"更多地站在历史和现实的女性处境和立场上说话"，而男性则"更多

---

① 〔美〕沙培德：《何震与中国无政府女权主义》，马小泉、张家钟译，《国外中国近代史研究》，第 22 辑，中国社会科学出版社，1993。英文版：Peter Zarrow，"He Zhen and Anarcho-Feminism in China"，*The Journal of Asian Studies*，Vol. 17，No. 4（1988，Nov.）。

② 刘慧英：《女权、启蒙与民族国家话语》，人民文学出版社，2013，第 100 ~ 140 页。

③ 何殷震无疑已经改变了"婚姻"与"家庭"的意义和功能，在无政府主义的共产制下，婚姻不再是保障和传递私有财产的制度安排，家庭不再承担生儿育女的功能。于何殷震，婚姻是情与爱的承诺，家庭是纯粹的情感单位。

地从无政府信念或原则出发"。在晚清这种历史条件下，毁家和性自由是"为男子自己及时行乐提供最大限度的方便和自由"①。正因为何殷震关切的是真实世界里的女性的生活，她寻求的是在现实世界里践行女权、贯彻彻底的男女平等，所以，她才会提出看似激进和怪异的婚姻家庭内男女完全对等的行为标准，才会提出"向男子复仇"和"女子复权"——夺回女子的平等权利，并以"女界革命"为手段，通往人类平等的无政府主义的乌托邦世界。当然，这也赋予了女性革命的主体身份。而无政府主义阵营中的男性以"自由恋爱"作为革命的手段，以性自由作为男女革命的内容，取代何殷震的"女子复仇"的女权手段，实质上，既遮蔽了现实生活中的性别压迫和两性对抗，也取消了"女界革命"的必要性，把妇女解放看成社会革命的副产品，似乎男女平等会伴随着其他社会革命的成功自然到来。

此节可见，何殷震是用彻底的男女间革命矫正无政府主义以男性为中心的思想，但"女界革命"的理论构想仍是无政府主义框架内的妇女解放，从这个意义上讲，何殷震的"女界革命"理论是无政府主义女权主义。如同马克思主义女权主义、自由主义女权主义等女权流派之所以在前面冠以"马克思主义""自由主义"的限定词，是因为这些理论构想是以马克思主义、自由主义作为基本理论框架或理论范式，并在其中构想妇女受压迫的根源以及妇女解放的可能途径。

---

① 刘慧英：《女权、启蒙与民族国家话语》，人民文学出版社，2013，第 105 ~ 106 页。

（三）"女界革命"与马克思主义妇女解放思想之间的渊源：中国妇女解放理论的先声

从"男女阶级"的视角出发，何殷震认为几千年来的社会制度都是"女子私有制度"。女子受男子压迫，上古时代是因为体力，中古以降受制于金钱，即财产私有制①。所以，她特别强调女界革命与经济革命的关系。这一点也透露出何殷震的"女界革命"理论与马克思恩格斯的妇女解放理论之间的思想渊源。众所周知，晚清马克思主义思想在中文世界的早期传播，无政府主义者对于马克思主义的译介是其中一个主要渠道。提到《天义》报在早期传播中的作用，特别是《天义》报最早译介恩格斯的《家庭、私有制和国家的起源》和《共产党宣言》的片断，对于这段史实，学界一般将其统笼地视为马克思主义早期传播史的一部分，没有注意到早期的马克思主义思想传播中妇女解放理论为什么占据着这么显要的位置？为什么是《天义》报，而不是无政府主义的其他刊物有意识地译介了马克思主义妇女解放理论的内容？这自然也忽略了《天义》报首先是作为《女子复仇会》的机关报这一女权主义报纸的特性。

何殷震在《经济革命与女子革命》中论证了"如欲实行女界革命，必自经济革命"的必要性。该文主要讨论了财产、婚姻与女子受压制之间的关系。在何殷震看来，古往今来的婚姻制度都是财婚制度。中古以降，女子受制于金钱。金钱不仅"不

---

① 震述：《经济革命与女子革命》，《天义》第十三、十四合册，1907 年 12 月 30 日。

惟使婚姻失自由之乐也，且将陷女子于卑贱"①。进入资本主义
"文明"时代的欧美各国看似风俗与中国稍有不同，女子可继承
财产或从事职业，也有贫家男委身富家女，但在何殷震看来，这
样的"文明"婚姻与中国的旧式婚姻本质无异，都是因金钱而
结合，实质都是"卖淫"，只是现今的文明时代是"男女互相卖
淫之时代"而已。当然，何殷震并没有把批判的矛盾指向男女
个人的贪欲，而把罪责归于私有制的经济制度。把婚姻视为
"卖淫"，我们很容易联想到马克思恩格斯对于资产阶级婚姻的
经典论述。确实如此。《经济革命与女子革命》文后有一附录，
摘译的是《共产党宣言》中批驳共产党人主张共妻制的那部分
内容，讽刺资产阶级婚姻才是事实上的公妻制。在译文后有一段
作者案语：

> 案，马氏等所主共产说，虽与无政府共产主义不同，而
> 引节所言则甚当。彼等之意，以为资本私有制度消灭，则一
> 切公娼、私娼之制自不复存。而此制之废，必俟经济革命以
> 后。可谓探源之论矣。故附译其说，以备参考。②

"附录"发表之后不久，《天义》又发表恩格斯《家庭、私
有制和国家的起源》第二章"家庭"中资产阶级婚姻家庭部分

---

① 震述：《经济革命与女子革命》，《天义》第十三、十四合册，1907 年 12 月
30 日。

② 《附录：马尔克斯、焉格尔斯合著之〈共产党宣言〉一节》，《天义》第十
三、十四卷合册"社说"栏，1907 年 12 月 30 日，署名"震述"。《目录》
标题"女子革命与经济革命"，署名"志达"。

的摘译①，这可能是该书进入中文世界最早的中文译本。译文略去了原文中冗长的婚姻家庭制度的演变历史，只在译文前用寥寥数语的编者语概括之："推论家庭之起源，援引历史，以为此等之制，均由视妇女为财产。"译文的前后有两段编者语，前一段除了寥寥几句介绍该书的书名、作者和主题外，点明了译者关注焦点："其中复有论财婚一节，约谓：今之结婚，均由金钱。"译文后的编者语，再次强调新式文明婚姻的财婚性质以及破财婚之法：

> 以上所言，均因氏所论财婚之弊也。彼以今之结婚，均由财产，故由法律上言之，虽结婚由于男女间契约，实则均由经济之关系而生耳，无异雇主之于工人也。观于彼说，则女子欲求解放，必自经济革命始，彰彰明矣。编者识。

摘译内容的选择和编者按语，清晰呈现了何殷震借用的思想资源，以及她试图批判的目标——作为文明标准的新式（资产阶级的）婚姻家庭制度。在摘译恩格斯《起源》的同一期《天义》（16～19卷合刊）上，还刊登了《共产党宣言序》②和第一章全文③。刘禾等研究者认为这是最早的《共产党宣言》中文节

---

① 志达：《女子问题研究：第一篇因格尔斯学说》《天义》第十六至十九卷四册合刊（春季增刊）"编纂"栏，1908年3月。

② 《共产党宣言序》，《天义》第十六至十九四册合刊（春季增刊）"译书"栏，1908年3月。目录、题下都无署名，但文后有"申叔识"。

③ 马尔克斯（Marx）、因格尔斯（Engels）：《共产党宣言 Manifesto of the Communist》，民鸣译，《天义》，第十六至十九四册合刊（春季增刊）"译书"栏，1908年3月。

译本。① 《天义》在前一期已先刊登了恩格斯为《共产党宣言》
撰写的 1888 年英文版序言，并为下一期将刊登《宣言》全文做
了预告，称："《共产党宣言》发展阶级斗争说，最有裨于历
史。"② 译《宣言》之目的是作为研究社会主义历史的入门书。
刘叔培③在《共产党宣言序》中简要介绍了马克思、恩格斯的主
要著述后，明确指出《宣言》所主张的马克思主义共产主义与
无政府主义共产主义的区别，批评前者因存在国家组织而会逐渐
发展成"集产主义"，但对《宣言》所主张的阶级斗争学说仍深
表认同："欧洲社会变迁……则在万国劳民团结，以行阶级斗
争，固不易之说也。"④ 同一期刊物，同为无政府主义陈营中的
同志，对于同一种思想资源——《共产党宣言》的撷取中，何
殷震与男性同事（甚至自己的丈夫）关注焦点的差异显示出明
显的个人偏好。在《天义》译介《共产党宣言》之前，作为资
产阶级革命派的朱执信早已在《民报》（第 2 号、第 3 号，1906
年 1 月和 4 月）上发表《德意志社会革命家小传》（在第 3 号上
改为《德意志社会革命家列传》），介绍马克思恩格斯的生平和
革命活动，重点介绍的也是阶级斗争学说，并译介了《共产党
宣言》中关于无产阶级革命的十条措施。⑤ 要强调的是，何殷震

---

① 刘禾、瑞贝卡·卡尔、高彦颐：《一个现代思想的先声——论何殷震对跨国
女权主义理论的贡献》，《中国现代文学研究丛刊》2014 年第 5 期。

② 因格尔斯：《共产党宣言 The Communist Manifesto 序言》，民鸣译，《天义》
第十五卷"学理"栏，1908 年 1 月 15 日。

③ 《共产党宣言序》，题下无署名，但正文题目有"申叔识"，作者应为刘师培。

④ 《共产党宣言序》，《天义》第十六至十九四册合刊（春季增刊）"译书"
栏，1908 年 3 月。

⑤ 朱执信：《朱执信集》上册，中华书局，1979，第 14～16 页。

和朱执信所摘译的两部分都来自于《共产党宣言》的第二部分"无产者和共产党人"，选译内容的不同再次彰显两人聚焦的社会问题以及思考变革社会之手段的差异。

何殷震在讨论经济体制时，特别关注婚姻制度。这与她关注现实世界中的妇女生活密不可分。在晚清的历史语境下，资本主义经济体制尚未充分发育，除了极少量的女工和家庭女佣之外，职业女性非常少见。绝大多数女性所受的压迫来自男权制的婚姻家庭制度，经济压迫也体现在婚姻家庭中，所以，婚姻家庭自然是何殷震极力抨击和破解的对象。从现实的角度而言，何殷震对于儒家家庭秩序的批评集中体现在她的著名长文《女子复仇论》中，而她借用马克思、恩格斯的妇女解放理论资源对于资产阶级婚姻家庭制度批评，主要是对作为解决方案——也是自由主义女权所向往的文明的现代婚姻制度的批判，是她要戳破的现代"文明"梦之一。她在《女子当知共产主义》①中，戳破的是职业解放与经济独立的另一现代"文明"梦，解构的是资本主义私有制下女子通过职业寻求经济独立性的幻镜。她对马克思主义妇女解放理论选择性的汲取，自然与她的无政府主义的理论视域有关。女性无法在资本主义私有制下实现解放的批评，似乎与马克思的妇女解放理论是相通的，但是作为无政府主义者，何殷震对于未来社会经济体制的设想并非是马克思主义的公有制，可参见上文刘师培对于无政府主义共产主义与马克思主义共产主义的简洁区分。所以，何殷震无政府主义的理论视野自然不会采纳马

---

① 震述：《论女子当初共产主义》，《天义》，第八至十卷合册"论说"栏，1907 年 10 月 30 日。

克思妇女解放理论为现代妇女开出的解放药方，以国家政权支持的大规模公有制基础上广泛参与现代大生产体制。所以，何殷震对于马克思主义妇女解放理论思想资源的汲取目标明确，有的放矢。

何殷震"女界革命"理论因其无政府主义的基底，伴随近代中国民族国家的建立似乎被逐渐遗忘了，但从女权思想史的角度，它从没有离开，而以另一种方式在中国思想史中存在。从马克思主义妇女解放理论这一脉络来看，何殷震的《天义》报及其"女界革命"的思想，是马克思主义妇女解放理论在中国传播的先驱，也可算是马克思主义妇女解放理论的某种先声。

何氏理论的无政府主义和女权主义的双重特性，使其"女界革命"的思想具有了原创性，在晚清主流女权论述中独具一格。只因文明论逐渐成为霸权性意识形态，现代民族国家成为理所当然的政治单位，不管是自由主义女权运动还是马克思主义的妇女解放运动，都是在民族国家框架内的妇女运动，这也遮蔽了我们对于何殷震无政府主义女权理论的关注。但是，在当今的全球资本主义时代，何殷震的批判并未失去其理论价值。

参考文献

中文参考文献

〔美〕艾米莉·洪尼格:《姐妹们与陌生人:上海棉纱厂女工,1919~1949》,韩慈译,江苏人民出版社,2011。

〔德〕弗勒特立克恩极尔斯:《理想社会主义与实行社会主义》,施仁荣译述,《新世界》1912年第3期。

〔日〕福泽谕吉:《男女交际论》,《清议报》1900年第38号。

〔日〕福泽谕吉:《文明论概略》,北京编译社译,商务印书馆,1959。

〔美〕高彦颐:《缠足:"金莲崇拜"盛极而衰的演变》,苗延威译,江苏人民出版社,2009。

顾秀莲主编《20世纪中国妇女运动史》上卷,中国妇女出版社,2008。

郭双林:《西方文明等级论在近代中国的传播——一项以地理教科书为中心的考察》,"全球史视野下的文明论谱系"会议论文，北京，2013。

郭嵩焘：《郭嵩焘日记》第3册，湖南人民出版社，1982。

〔英〕赫伯特·斯宾塞：《社会静力学》，张雄武译，商务印书馆，1999。

〔美〕胡缨：《翻译的传说：中国新女性的形成1898～1918》，龙瑜宬、彭姗姗译，江苏人民出版社，2009。

黄兴涛：《晚清民初现代“文明”和“文化”概念的形成及其历史实践》，《近代史研究》2006年第6期。

黄遵宪：《日本国志》，天津人民出版社，2005。

〔美〕惠顿：《万国公法》，丁韪良译，上海书店出版社，2002。

姜婧：《世博会的历史与文明等级论的视觉呈现》，“全球史视野下的文明论谱系”会议论文，北京，2013。

蒋廷黻：《中国近代史大纲》，江苏教育出版社，2006年。

金观涛、刘青峰：《观念史研究：中国现代重要政治术语的形成》，法律出版社，2009。

金天翮：《女界钟》，陈雁编校，上海古籍出版社，2003。

康有为：《大同书》，上海古籍出版社，2005。

〔英〕雷蒙·威廉斯：《关键词：文化与社会的词汇》，刘建基译，生活·读书·新知三联书店，2005。

〔美〕莉丝·沃尔格：《马克思主义与女性受压迫：趋向统一的理论》，虞晖译，高等教育出版社。

李喜所：《林乐知在华的文化活动》，《社会科学研究》2001年第1期。

李又宁、张玉法编《近代中国女权运动史料1842～1911》，传记文学社，1975。

〔英〕理雅各：《智环启蒙塾课初步》，香港英华书院，1864。

梁启超：《文野三界之别》，《清议报》1899 年第 27 期。

梁启超：《新民说》，上海商务印书馆，1916。

梁启超：《饮冰室合集》，中华书局，1989。

梁展：《政治地理学、人种学与大同世界的构想——兼论康有为〈大同书〉的文明论知识谱系》，"全球史视野下的文明论谱系"会议论文，北京，2013。

〔美〕林乐知：《全地五大洲女俗通考》，任保罗译述，广学会出版，1903～1904。

刘禾、〔美〕瑞贝卡·卡尔、高彦颐：《一个现代思想的先声——论何殷震对跨国女权主义理论的贡献》，陈燕谷译，《中国现代文学研究丛刊》2014 年第 5 期。

刘慧英：《从女权主义到无政府主义——何震的隐现与〈天义〉的变迁》，《中国现代文学研究丛刊》2006 年第 2 期。

刘慧英：《女权、启蒙与民族国家话语》，人民文学出版社，2013。

刘人鹏：《"中国的"女权、翻译的欲望与马君武女权说译介》，《近代中国妇女史研究》1999 年第 7 期。

刘师培：《刘申叔遗书补遗》，万仕国辑校，广陵书社，2008。

刘文明：《19 世纪欧洲"文明"话语与晚清"文明"观的嬗变》，《首都师范大学学报》2011 年第 6 期。

马君武：《弥勒约翰之学说·二女权说（附社会党人女权宣言书）》，《新民丛报》1903 年 30 号。

莫世祥编《马君武集（1900～1919）》，华中师范大学出版社，1991。

秋瑾：《秋瑾集》，上海古籍出版社，1979。

〔美〕沙培德：《何震与中国无政府女权主义》，马小泉、张家钟译，《国外中国近代史研究》第22辑，中国社会科学出版社，1993。

〔日〕石川半山：《论女权之渐盛》，《清议报》1900年第47、48号连载。

〔英〕斯密亚丹：《原富》，侯官严复几道翻译，南洋公学译书院，部乙，1901。

孙文：《民权初步》，商务印书馆，1927。

孙中山：《三民主义》，岳麓书社，2000。

汪晖：《声之善恶：什么是启蒙？——重读鲁迅的〈破恶声论〉》，《开放时代》2010年第10期。

王树槐：《清季的广学会》，载林治平主编《近代中国与基督教论文集》，宇宙光出版社，1981。

夏晓虹：《何震的无政府主义"女界革命论"》，《中华文史论丛》2006年第83辑。

夏晓虹：《晚清两份〈女学报〉的前世今生》，《现代中文学刊》2012年第1期。

夏晓虹：《晚清女性与近代中国》，北京大学出版社，2004。

夏晓虹：《晚清文人妇女观》，作家出版社，1995。

〔日〕小野和子：《马君武的翻译与日本》，载王政、陈雁主编《百年中国女权思潮研究》，复旦大学出版社，2005。

〔日〕须藤瑞代：《中国"女权"概念的变迁：清末民初的

人权和社会性别》，〔日〕须藤瑞代、姚毅译，社会科学文献出版社，2010。

〔英〕亚丹斯密：《原富》，严复译述，商务印书馆，1981，部乙。

严复：《严侯官文集》，作新译书局，1903。

杨兴梅：《缠足的野蛮化：博览会刺激下的观念转变》，《四川大学学报》2012年第6期。

〔英〕约翰·斯图尔特·穆勒：《妇女的屈从地位》，汪溪译，商务印书馆，1995。

张枬、王忍之编《辛亥革命前十年间时论选集》，生活·读书·新知三联书店，1960。

张品兴等主编《梁启超全集》，北京出版社，1999。

郑大华点校：《新政真诠——何启·胡礼垣集》，辽宁人民出版社，1994。

中华全国妇女联合会妇女运动历史研究室编《中国妇女运动历史资料（1840～1918）》，中国妇女出版社，1991。

庄和斌：《英语词源趣读》，上海外语教育出版社，1998年。

邹容：《革命军》（1903），罗炳良编，华夏出版社，2002。

〔美〕曼素恩：《张门才女》，罗晓翔译，北京大学出版社，2015。

报刊

《大公报》，1904。

《妇女杂志》，1922。

《衡报》，1908。

《女子世界》，1904。

《清议报》，1899～1900。

《天义（报）》，1907。

《万国公报》，1893。

《新民丛报》，1902～1903。

《新民丛报》，1903。

《新世纪》，1907～1908。

英文

Catharine A. MacKinnon, *Toward a Feminist Theory of the State* (Cambridge, Mass.：Harvard University Press, 1989).

Henry Wheaton, *Elements of International Law* (eighth edition) (Boston：Little, Brown, and Company, 1866).

Herbert Spencer, *Social Statics*, 1851, http：//oll. libertyfund. org/ titles/273.

Peter Zarrow, "He Zhen and Anarcho-Feminism in China", *The Journal of Asian Studies* (Vol. 17, No. 4, 1988, Nov.).

Samuel Augustus Mitchell, *A System of Modern Geography, Comprising a Description of the Present State of the World* (Philadelphia：Thomas, Cowperthwait & Co. , 1845).

Samuel Wells Williams, *The Middle kingdom* (New York & London：Wiley and Putnam, 1848), Vol. 1 Preface XV.

Smith Adam, *An Inquiry into the Nature and Causes of the Wealth of Nations*, 1776, http：//en. wikisource. org.

The Edinburgh Gazetteer, Or Geographical Dictionary (Edinburgh：

archibald   constabale   and   CO   Edinburgh,   1822),   Vol. 1,
"Intrudction Ⅹ C Ⅲ ".

W. & R. Chambers, *Political Economy* (Edinburgh: publicsher by
William and Robert C. Chambers, 1852).

William Channing Woodbridge, *Modern School Geography: On the
Plan of Comparison and Classification* (Hartford, Belenap and Hamersley,
1844).

William Channing Woodbridge, *Rudiments of Geography, on a
New Plan* (Hartford: Oliver D. Cooke & sons, 1825), Fifth edition.

William Channing Woodbridge, *Rudiments of Geography, on a
New Plan* (Hartford: Published by John Beach, 1838), *Nineteenth
Edition* .

索　引

附录一　清末民初"女性"观念的建构

　　摘　要：本文分析了"女性"作为集合名词在近代中国出现的历史过程，以及与"女性"观念相伴随的性"别"观念的建构方式。新文化运动中，破与立是一个过程的两面。掌握话语权的新型男性知识分子，努力摧毁以父－子为主轴的父权儒家秩序的同时，试图建构起以男－女两性为主轴、但却以男性为中心的性别化的社会秩序。

　　"女性"作为指称女子的集合名词，20 世纪 20 年代中期以后才比较广泛地被使用。近代"女性"一词出现时，是"女"＋"性"的复合词。依据古汉语"性"之义，"女性"最初之义是指"女子特性"，并不突显女子特性之生理基础。女子 sex 化的过程是逐渐建立起来的。这一转变的前提，首先是现代"人"观的确立。儒家伦理中，"人"有别于禽兽，是人处于伦理秩序之中。近代，生物进化观的传入，建立起人是万物中一员的观念。

生物性注入"人"，成为"人"的本质规定。现代"人"观的历史性贡献是以生物作为"人"本体存在的基础，使每个人成为独立个体，提供了人人平等的正当性理由。从而，使个体得以从传统儒家人伦秩序中超拔出来，成为国家和社会的基本组成单位，而现代的国家和社会得以成立。近代中国的女权运动正是诉诸"女人是人""女人是国家及社会的一分子"作为正当性根据。同是"人"的同类意识也是拥有现代精神的男性知识分子支持女权的原因，尽管经常是抽象地承认男女平等，同时认为具体的女子在身心两方面都是有缺陷的，需要教育和提高。

"同类"和"类分"是"类"意识的共生物。人的生物性奠定了男女"同为人类"的本体论基础，同时，生物性——sex——成为男女"类分"的根据。男女成为两种"性属"，而每类"性属"被认为具有生物规定的独特属性。男女的同一性和差异性的同步建构，可以说是同一棵树结出的两种果实。新文化运动打破父权社会，发现"人"和提倡"人"的文学的同时，在"科学"的名义下，规划的却是一个以男性为中心的性别化的社会秩序。破与立是同一个思想过程。

本文试图追寻"女性"作为集合名词在近代中国出现的历史过程，以及与"女性"观念相伴随的性"别"观念的建构方式。

一 "女性"一词出现的历史条件和历史轨迹

1. 作为"性存在物"出现的历史条件

女性，作为"性存在"，只是一种"类存在"。"女"作为一种"类存在"，远远早于"性存在"。在儒家秩序中，依据在婚姻家庭关系中的位置确立女子的类属,"已嫁者为妇,未字曰女"。多用"女""女子""妇""妇人"来泛指。到了清末,在与国家－社会的关联中,"二万万"和"女界"成为一种新的类属。

从观念的逻辑上来讲,男或女,作为一种"性存在",当"身体"作为人的立论之基时,就内在地隐含了。人作为一种生物性存在的观念,在20世纪第一个10年就已经确立起来了。1915年版的《辞源》已是从生物的角度来释义"人"——动物之最灵者。这一定义与严复1898年翻译的《天演论》对"人"的界定如出一辙:"号物之数曰万,此无虑之言也,物固奚翅万哉!而人与居一焉。人,动物之灵者也,与不灵之禽兽鱼鳖昆虫对"("导言三·趋异")。可见,生物进化论及生物"人"的观念在20世纪初已扎根于新型知识分子头脑中了。但是,男或女作为"性存在"在观念和实践中被突显和调动出来,需要历史时机的触动。这个时机就是新文化运动。新文化运动破坏以父－子为纵轴的儒家秩序时,同时提供了一个以男－女两性为横轴的现代社会秩序的蓝图。

20世纪20年代,如何建构两性关系的问题——不仅仅是贞操和情欲的问题——之所以浮现出来,成为妇女问题讨论中的主要议题。某种程度上,是因为20世纪20年代男女间的竞争逐渐成为一个事实。在公共领域,伴随女子教育的发展,越来越多的女子进入职业领域,引发男女分业的问题。在城市知识分子核心家庭里,伴随父权制家庭的逐渐解体,那些曾经团结起来共同反对父亲的男女"娜拉",面临着如何重塑新的两性关系的问题,包括尊重女性的新式丈夫可否与旧式妻子离婚、女子能否独身等

问题、如何处理女子职业与儿童养育之间的关系等。20 世纪 20
年代，在具有殖民地文化背景的新兴城市生活中，基于两性的新
的社会秩序正在形成中。女权的上升勾起了男性的焦虑。而欧美
国家"一战"之后女子进入职场，引发的男子失业、女子独身
的增加等，更是加剧了男性知识分子对于中国女权未来走向的忧
虑，掌握话语权的新型男性知识分子开始利用手中所掌握的近代
媒体报章杂志，试图为中国女权的未来指明方向。这是"两性
问题"浮现出来的特定历史背景。比如，瑟庐借着介绍爱伦凯
思想表达了他对近代中国女权运动的忧虑："近代的女子，倾注
全力于参政运动，职业扩张运动，教一般女子都去模仿男子，和
男子竞争，结果出现了一种不男不女称为'第三性'的变态女
性，这实在是最可忧的现象呵！""现在提倡妇女解放的，往往
由主张男女平权而主张女子的男子化，这实在有矫枉过正的弊
病。"① 正是基于这种忧虑，1922 年 8 月，以章锡琛、周建人、
沈雁冰等文学研究会成员为主体，创立了"妇女问题研究会"。
希望把男女竞争的女权运动拉回到"两性和谐"的轨道上来，
并为妇女在两性关系中安排适当的位置。"妇女问题，并非是妇
女的问题，实在是两性的问题，是全人类的问题。……所以我们
现在所应该研究的，不宜专限于妇女的一方面，必须着眼于全人
类的生活，才是合理。"② 1923 年 1 月《妇女杂志》开设"妇女
运动专号"，瑟庐的《妇女运动的新倾向》③ 作为基调性的首篇

---

① 瑟庐：《爱伦凯女士与其思想》，《妇女杂志》1921 年第 7 卷第 2 号。

② 《今后我们的态度》，《妇女杂志》1922 年第 8 卷 8 号。

③ 瑟庐：《妇女运动的新倾向》，《妇女杂志》1923 年第 9 卷第 1 号。

论文，认为妇女运动应该分为两个阶段，第一个阶段是争取"人的自觉"时期，即女权运动阶段。第二个阶段是"性的自觉"，是母权运动时期，即女权运动的后期。当时《妇女杂志》的一些文章，表达支持第一阶段女权运动的同时，是对母性缺失的忧虑，并视后者为前者造成的后果。章锡琛①是当时《妇女杂志》的主编，《妇女杂志》有意识地大量译介了两性问题方面的著作，比如爱伦凯的恋爱自由和母性主义，主张以"恋爱来解决妇女问题"。推出各类主题明确的专号，比如，"男女理解号"（1924 年第 10 期）、"新性道德号"（1925 年 1 月）等。那么，两性问题与妇女问题的区别是什么？套用时人对于"妇女问题"的理解，"女子问题的本质，就在撤废男女两性间的差别观念"②，那么，"两性问题"的实质是建构两性之差异的观念。

尽管，"两性问题"到 20 世纪 20 年代中期才发酵成热点话题，但是，女子作为一个"性存在"，早在清末有关妇女的话语中已经开始酝酿。清末，"灭种"的忧患和"善种"的强烈欲望，促发了对于"育种"的妇女"身体"的关注，母体被认为是传递"根性"的通道，"根性之传，必离母以附子，阳施阴受，顿渐各殊"。③"国民之母"这个身份，虽具有强烈的生理特性，但很大程度上是延续了传统儒家秩序中的母亲身份和母职，只是把"母亲"从父系家庭中抽离出来，捆绑到了男性的种族

①　有学者推测瑟庐就是章锡琛的笔者，参见〔日〕须藤瑞代《中国"女权"概念的变迁》，社会科学文献出版社，2010，第 148 页的注 3。

②　君左：《妇女问题》，《晨报》1919 年 5 月 18～19 日连载。

③　金天翮：《女界钟》，上海古籍出版社，2003，第 4 页。

国家之上。当时，"女性"，作为类名词也还没有出现。

2. "女性"：女子之特性

据笔者阅读所及，1903 年出版的《女界钟》中，已经出现了"女性"一词，但是指女子特性，而非表类属的名词：

> 中国普通人民有一种之特性，吾可执此以证女界之必发达者非他，则女性是也。法兰西之历史学家有言曰"纂地以北之民族，盖杂女子性，于女性国民中，故妇女独得显著之地位"。女性者，文学之优美，哲理之深秘，技术之高尚，宗教之翕合，姿势之纤美，语言之柔和，疾病之阴郁，恋爱之附著，皆是也。向者吾国民常得女性之良，今者得其劣。综合而观之，则皆女性也。观其濡染于女性之深，而知女子之感化力大，则异日女子，必立于显著之地位，盖无疑也。① （下划线为笔者所加）

在这段文字中，表"类属"的集合名词有"女界""妇女""女子"；第一句中的"女性"，对应前文的"中国普通人民有一种之特性"，应作"女子之特性"解。"女性国民"之前的"女性"是形容词，这句话是引文，结合上下文，"女性国民"的这一用法应是"具有女性特质的国民"。可见，在 1903 年前后，"女性"作为一种"类属"的观念虽已存在，但是作为指称全体妇女的集合名词还没有出现。

直到 1915 年，《妇女杂志》中的《研究女性与男性之别及

---

① 金天翮：《女界钟》，上海古籍出版社，2003，第 65 页。

其适宜之教育》①、《青年杂志》第 4 期发表的《女性与科学》②，这两篇文章中的"女性"还都是指女子特性，但已把女子特性建立在身体的生物差异性之上。比如，《研究女性与男性之别及其适宜之教育》，认为从食料、生育哺育、形体、脂肪、血液、睡眠时间，可以得出男子消耗活动力，女子则储存之故，故男子欲常动，女子常静。《女性与科学》更是以"人类学解剖学之见地"观察女子，谈及头脑与内脏腑机制，用医学术语详细描述女子每月行经的量及痛经。换言之，这两篇文章中所指的"女性"是指"女子的生理特性"。

依古汉语对"性"的用法，以"女性"表意"女子特性"时，"性"不必与生物属性挂钩，更多指的是女子的社会特性。金天翮对"女性"的宽泛描述就是一例。"女性者，文学之优美，哲理之深秘，技术之高尚，宗教之翕合，姿势之纤美，语言之柔和，疾病之阴郁，恋爱之附著，皆是也"。金天翮所列举的"女性"中没有女子的生理特性。在古汉语中，人之本性规定不是生物性。1915 年的《辞源》中对"性"的释义：生之质也。如性善性恶。生命也。犹言性命。无为而安行之曰性。又比如，"食色，性也"。"性"，对应的英文应该是 nature；"色"才应该对应 sex。而"性"跟 sex 的对应关系，应该是近代生物学传入中国之后才形成的。但是，依据古汉语的传统语义解读，性，

---

① 天婴：《研究女性与男性之别及其适宜之教育》，《妇女杂志》1915 年第 1 卷第 7 号和第 8 号。这篇文章也是《妇女杂志》（1915～1931）的文章标题中最早出现"女性"和"男性"的用法。

② 〔日〕医学学士小酒井光次：《青年与性欲》，孟明译，《青年杂志》1915 年 12 月第 1 卷第 4 号。

"生之质也"。"女性"一词表女子特质时，已含有女子之质的内在性和不可改变这层含义。当"女性"与生物性结合时，生物性就成了女子的内在规定性，而女性——女子特性——只是生物性的外化。

1922 年鲁伯译《两性的强弱》时，称："两性智能的不同，近年来竟成了心理问题中的集中点，讨论的人也不知许多了。普通的人，多以为男女两性，非但有生成的肉体的不同，就是智能也是生成不同的……虽然有许多人以为男女并没有智能的差异的；不过仍相信男女各有道德上特性的不同。男子只因为他是男的，所以有男性的特点；女子只因为她是女，所以有女性的特点；此外就没有别的理由可以说了。"① 此处的"女性"已包含了生理、智能、道德意义上的所有相关特性。

3. sex 译"性"：最早的含义是"性属"

据台湾学者翟本瑞考据，中文中最早"性"通 sex，是 1903 年叶德辉为其编撰的《素女经》② 所写的序中出现的"性学"一词："如春秋繁露大戴礼记所言，古人胎教之法，无非端性情广似续以尽位育之功能，性学之精，岂后世理学迂儒所能窥其要耶。"③ 文中虽出现"性学"一词，但是仍用"男女交合"来指称"性交"。叶德辉刊印《素女经》是想用中国自己的"性学"来抗衡"今远西言卫生学者"所撰的新书"如生殖器男女交合

---

① 〔美〕司得奚（Daniel Starch）：《两性的强弱》，鲁伯译，《妇女杂志》1922 年第 8 卷第 3 号。

② 翟本瑞：《中国人'性'观初探》，《思与言》（台湾）1995 年第 33 卷第 3 期，第 27～75 页。

③ 叶德辉：《素女经》序，《双梅景闇丛书》，1903 年（光绪二十九年）。

新论、婚姻卫生学"。叶德辉之"性学",是在现代汉语意义上使用的,这是无疑的。Leon Antonio Rocha①在2010年发表的专门考据近代汉语中"性"通 sex 之历史的新作中,大量援引了瞿本瑞对叶德辉的研究,认可叶德辉在《素女经》序中的"性学"可能是"性"通 sex 最早的义本。瞿本瑞和 Leon Antonio Rocha 可能都狭义化了 sex/性,而把关注点聚焦在"性欲"或者"性交"这个层面上。sex 通"性"时,笔者认为首先被接纳和使用的是作为"性属"这层含义,即男女两性的分类。1903年金天翮的"女性国民"的用法就是一例。作为生物分类的标准,所有的有性生物分成男女两性。性交,只是两性关系中的一个方面,虽然在进化论的图景中,是至关重要的一环。《男女两性问题》②(1922)一文批评时人把两性问题狭义化为妇女问题和性欲问题,认为"两性问题是男女两性相互批评的关系上所有实际观念的对称","是阐明关于男女两性的现实和理想"。

第一,sex 通"性",首先是指性属。20 世纪 10 年代的英汉字典更是清楚地证明了这一点。1912年出版的《英汉双解辞典》(A New English – Chinese Dictionary)③,对 sex 的英文释义:

---

① Leon Antonio Rocha,"Xing:The Discourse of Sex and Human Nature in Modern China",*Gender and History*,Vol. 22.(No. 3,November,2010),pp. 603 – 628.

② 〔日〕岛村民藏:《男女两性问题》,汪向宸译,载梅生编《中国妇女问题讨论集》第 3 册,新文化书社,1923。

③ 陈家瑞主编《英汉双解辞典》(*A New English – Chinese Dictionary*),群益书社发行,1912。

distinction of male or female；one of two groups thus formed；中文释义是"男女之别性、男性、女性"。1916 年出版的 *English – Chinese Dictionary of the Standard Chinese Spoken Language and Handbook for Translators，Including Scientific Technical，Modern and Documentary Terms*①，定位是翻译工具书。这本字典是在 1905 出版的 *The Dictionary of the Late G. C. Stent* 基础上编撰的，收词和释义更具有古典汉语的痕迹。在这本字典中，sex 对应于"类、造、性、属"；指称人类时，指"男女、乾坤、男女特性"；在 sex 词条下，与"人类"并称的是"鸟类、花、昆虫、哺乳动物"，sex 指"公母、雄雌、牡牝"。换言之，sex 是指各种生物所具有的生物属性，人类是与"鸟类、花、昆虫、哺乳动物"并列的生物类别，都是依据 sex 进行分类。人类依据 sex 分类，分为"female sex 女性、女造"，"fair sex 闺阃、闺门"和"male sex 男性、男类、男造"。在这本字典中，出现了 sexual ethics，对应"男女有别之道、男女道德"，也反映出男女道德开始以生物性 sex 为基础来建构了。

在实际的使用中，1917 年《妇女杂志》发表的译文《女性动物和男性动物智慧之研究》②，是在"性属"意义上使用"女性"和"男性"。还有直接使用"性属"的用法，比如："人权

---

① Hemeling，Karl Ernst，*English – Chinese Dictionary of the Standard Chinese Spoken Language and Handbook for Translators，Including Scientific Technical，Modern and Documentary Terms*，（Shanghai：Statistical Department of the Inspectorate General of Customs，1916）.

② 天风、无我译：《女性动物与男性动物智慧之研究》，《妇女杂志》1917 年第 3 卷第 5 号。

禀赋自天，男女本无轩轾，此一定不易之理。……因男女性属之不同，以致权利享受之殊异？"① "两性心理上得来的结果，可以证明理智力和性属无关。"②

第二，sex 通"性"，是指内部生理结构。比如，"我以为男女最大的不同只是性（sex）罢了，却不能有品性的不同。性的不同，只是因了生理上结构的关系"。③ 作为一篇译文，译者直接用括号表明"性"对应的英文是 sex。李汉俊在 1920 年翻译伯伯尔的《社会主义与妇女》之"女子将来的地位"时，把 sex 翻译成了"内性"，倒也形象贴切："除了内性的差别和生殖机能所特别需要外，伊底教育与男子底教育是一样的。"④ 朱枕薪在 1922年重译这章时，把 sex 译成了"性"："性的差别与性的作用。"⑤

第三，sex 通"性欲""性行为"。Leon Antonio Rocha 认为"性欲"一词最早出现在 1911 年 5 月出版的杜亚泉的《论蓄妾》⑥："节制性欲"。1916 年正月出版的《青年杂志》中的《青年与性欲》⑦："食物中多刺戟性者，易使有机体羸弱，性欲因之亢进。"也是这种用法。

---

① 敏女士：《女权不振之原因》，《妇女杂志》1922 年第 8 卷第 10 号。

② 〔美〕司得奚（Daniel Starch）：《两性的强弱》，鲁伯译，《妇女杂志》1922 年第 8 卷第 3 号。

③ 〔美〕司得奚（Daniel Starch）：《两性的强弱》，鲁伯译，《妇女杂志》1922 年第 8 卷第 3 号。

④ 汉俊译：《女子将来的地位》，《新青年》1920 年第 8 卷第 1 期。

⑤ 朱枕薪：《妇女之将来》，《妇女杂志》1922 年第 8 卷第 11 号。

⑥ 杜亚泉：《论蓄妾》，《东方杂志》1911 年第 8 卷第 4 号。

⑦ 〔日〕小酒井光次：《科学与性欲》，孟明译，《新青年》1916 年第 1 卷第 5 号。

如果从"性属"的角度来理解 sex，那么，"两性""男女两性"之"性"应该是 sex 最早的用法。佩韦在译《两性间的道德关系》① 时，称这篇文章"据 Patrick Geddes and Arthur Thomson 两人合者的'两性论'（sex）中第九章译出"，指明"两性"对译的就是 sex。在 1900 年的日本石川半山的《论女权渐盛》中就有"两性"的用法，"人有男女。时如膠漆，合为一体。时如火水，迭为仇讐。古来两性势力，从时与地而异"② 1927 年周作人曾在一篇文章中提到"两性字样是从日本来的新名词"。③ 此言应是不虚。Leon Antonio Rocha 认为 sex 通"性"，应属于日本从中国输进"性"的汉字，然后从日本返回中国的那类名词。

据此看来，"女性"一词的来源，应该是 sex 通"性属"，男女依据 sex 进行分类，每个性属都有其属性，"女性"④ 表女子之属性。逐渐地"女性"作为一种性属，成为表妇女群体的集合名词。

4. 汉英字典中"性"与 sex 对应关系的建立

汉英字典中"性"通 sex 要晚于英汉字典。1900 年的 *An Analytical Chinese – English Dictionary* 中"性"与 sex 没有对译关系。⑤ 20 世纪 20 年代的各类汉英词典显示出，20 世纪 20 年代

① 佩韦：《两性间的道德关系》，《妇女杂志》1920 年第 6 卷第 7 号。

② 〔日〕川半山：《论女权渐盛》，《清议报》1900 年 6 月第 47 期。

③ 周作人：《读〈性的崇拜〉》，《周作人书话》，北京出版社，1996。

④ 刘禾把"性"列为源自现代日语的后缀复合词，对应于英文后缀"– quality"和日文后缀"– sei"，比如：现实性、阶级性、创造性、原则性、革命性、理性等。"女性"的用法类似于此。笔者查阅了刘禾《跨语际实践》和高名凯、刘正埮的《现代汉语外来词研究》，都没有查到"女性"这个词。

⑤ F. W. Baller, *An Analytical Chinese – English Dictionary*, Shanghai China Inland Mission and American Presbyterian Mission Press, 1900.

"女性"一词主要仍表意"性属"和"女子特性"这两种含义。

1920 年出版的 *A Complete Chinese – English Dictionary*①（《汉英大辞典》）中，在"女"部下第一次出现了"女性"这个词，对应的英文是 fcmininity 或 womanhood。"妇女"，英文释义是 women generally。可见，"妇女"才是通称，"女性"仍是指女子特性。1931 出版的《中华汉英大辞典》②中，"性"第一次开始对应于 sex，而且在词序上放在最后，这种词序排列表明"性"通 sex 是新近出现的词义。在同一本字典中，"女"部下面也出现了"女性"，对应的英文仍是 femininity 和 womanhood。1933 年出版的《世界汉英辞典》③中"女性"对应的英文是 womanliness；fair sex，与 sex 之间的关联性开始明晰起来，前者表"女子特性"，后者表"性属"。同时，值得注意的是，在同一本词典中，"性"的词条下，第一次大量出现了用"性/sex"组词的新词：性别（distinction of sex）④、异性（other sex）、阴性（female sex）、阳性（male sex）；性欲（sexual desire）、性学（sexual studies）、性胞（sexual spores）、性病

①　张鹏云：《A Complete Chinese – English Dictionary》第 2 版，上海岭南中学发行，商务印书馆代印，1920。

②　陆费执、严独鹤等编《中华汉英大辞典》，中华书局发行，1931。

③　K. Z. Dzang：《世界汉英辞典》，世界书局，第 4 版，1933。

④　如何翻译 Gender，国内曾有两种意见，一种意见认为译为"社会性别"，以突出性别的社会建构之义。另一种意见认为应译为"性别"，因为按中国传统的构词法，"性别"已有"性之别"的含义。依据本人阅读所及，"性别"应是近代出现的新词，强调两性之间的生理性差异。由此看来，"社会性别"的翻译确实更有针对性，语义更清晰。

（venereal diseases）。在第一版出版于 1931 年的 *Mathews' Chinese - English Dictionary*① 中，"男性"仍是对应于 masculine nature，"女性的"对应于 femininity。"性"对应于 nature、disposition、spirit、temper、a property or quality、sex。sex 也是放在词序的最后。而在"性"这个字下也出现了用"性/sex"组的新词：性交（sexual intercourse）；性（欲之）冲动（sex impulse）；性（欲）教育（sex education）；性择（sexual selection）；性的进化（evolution of selection）；两性问题（sex questions）；两性差异（sex differences）；男女特性（sex characteristics of man and woman）。

1923 年梅生主编的《中国妇女问题讨论集》中，"两性问题"专题下，收录的文章题目：《性择》、《男女两性问题》、《两性的道德》、《两性的强弱》、《两性教育之研究》和《妇女的精神生活》。很容易看出 20 世纪 30 年代初的这两本字典收录的大量用性（sex）组成的新词和 20 世纪 20 年代"讨论"之间，在关键词上的相关性。由此，可以合理地推测奠基于生理性的性/sex 的两性观念及性"别"观念经过 20 世纪 20 年代的发酵，在 20 世纪 30 年代的观念中已相对稳定了。

5. 女性：作为集合名词的出现

据笔者阅读所及，"女性"作为集合名词，在 1916 年 2 月的

① R. H. Mathews, *Mathews' Chinese - English Dictionary Revised American Edition*,（Harvard University Press, 2000）, p. 414. 这本字典最早版本是由 R. H. Mathews 编辑，由上海的 China Inland Mission and Press by Terian Mission Press 于 1931 年出版。

《青年杂志》的《人口问题与医学》① 中已出现："国民之生殖力，关系男女两性，而女性所关尤重。"1920 年的《意大利的女性》② 之"女性"是作为一种集合名词。但是同时期仍有文章在"女子特性"的意义上使用"女性"，比如，1917 年《妇女杂志》发表《欧美之女性》③，此文的"女性"是指"女子之性格"。1922 年的《男性的女子和女性的男子》④，此文中"女性"指的是"女性化"或"女性气质"的含义，对应英文的femininity。也就是说，"女性"作为集合名词，在 20 世纪 10 年代中期就已经出现了，但并不常用。不管是作为形容词的"女性"，作为女子特性的"女性"，还是作为集合名词的"女性"，这个词与生物性的 sex 的关联已日益清晰，并稳定下来。

1926 年 1 月上海妇女问题研究会在上海创办了《新女性》杂志⑤。这本杂志是章锡琛因"新性道德"讨论而被迫离开《妇女杂志》的主编职位后，创办的刊物，有意识地把"新性道德"讨论的战场转移到《新女性》，杂志命名为《新女性》，所指是非常明确的。即，培养具有新性道德的新女性。新性道德讨论的中心议题是围绕着两性关系，特别是有利于进化的合乎"自然"

① 〔日〕小酒井光次：《人口问题与医学》，孟明译，《青年杂志》1916 年第 1 卷第 6 号。
② 王琬：《意大利的女性》，《妇女杂志》1920 年第 6 卷第 2 期。
③ 〔日〕中根沧海：《欧美之女性》，艾耆译，《妇女杂志》1917 年第 3 卷第 11 号。
④ 〔日〕中田香涯：《男性的女子和女性的男子》，幼雄译，《妇女杂志》1922 年第 8 卷第 2 号。
⑤ 《新女性》，月刊，开明书店发行。1929 年 12 月停刊，出至第 4 卷第 4 期，共出 48 期。主编章锡琛，主要撰稿人有周作人、鲁迅、叶圣陶等。

的性关系。换言之，杂志使用"新女性"这个词，就是要凸显
sex 对于个人行为及两性行为的内在规定性。

在 20 世纪 20 年代的话语场中，作为表意"类存在"的集合
名词，新出现的"女性"是与"妇女""妇人""女子"等传统
用词同时并存的。当时的论者在使用这类词汇时，语义和语境都
是非常清楚。"妇女""妇人""女子"的用法中没有"性"
（sex）的生理负担，而使用"女性"或"两性"一词时，是跟
sex 联系在一起的，是一种性化的主体。① 比如，"妇女所有的只
是女性，此外则并无所有。男子则愈成为'人'，由他去掌握一
切人间的工作，只是不能怀孕罢了。""妇女不再如现在的只成
为一个女性的东西，要更进而为'人'。"② 特别是在援引生物属
性来讨论两性关系或者与性相关的家庭、生育等议题时，会有意
识地使用女性、男性、母性。"母性"是从"女性"中衍生出来
的用法，指"母"的身份和责任是由生物的 sex 内在规定的。20
世纪 10 年代的《妇女杂志》的标题中出现的仍是"母教""母
范"。到了 20 世纪 20 年代《妇女杂志》的标题上第一次出现了
"母性"。③

当"女性"一词逐渐被接受，成为通用语时，在 20 世纪 20
年代使用时曾经清晰的语义和语境变得模糊了。"女性"一词吸

---

① Tani Barlow, *The Question of Women In Chinese Feminism*, Duke University
Press, 2004.

② 乔峰：《纪尔曼及须林娜的妇女职业运动观》，《妇女杂志》1923 年第 9 卷
第 1 期。

③ 〔日〕原田实：《唱母性尊重论的爱伦凯女士为什么独身?》，幼彤译，《妇
女杂志》1922 年第 8 卷第 10 号。

收了作为一类"性属"和女性"属性"的两重含义。"女性"之 sex 的基础逐渐隐入幕后,但是,"女性"一词所内含的生物性基础并没有消失,只是隐藏了。"性"作为生物的"自然"属性,伴随着现代"科学"知识神圣地位的确立,也逐渐被自然化了。

二 性之"别"的建构和"她"者化的过程

1. 性之"别"的建构:以男性为标准,女性在身心两方面存在缺陷

基于生物性的男女二分的性别观念建立起来后,在一个以两性为主轴建构的新社会秩序里,就需要对男女的生理差异的社会意义或者说社会后果做出解释。事实上,当身体作为人的本体存在的基础时,平权论者从一开始就不得不面对和处理"同为人类"和"男女类分"的内在困境。比如,康有为在《大同书》中,一方面把男女之分看作"形"之区分,且不认为"形异"应造成男女作为"人"的不同。既然男女"体"同,自应享有同等权利。另一方面,康有为面对男女身体的差异,又不得不对差异的社会意义做出解释:"女子既有月经,每月流血甚多,精力自当逊于男子,此为人种传,少受缺陷,实为无可如何。"并把男子压制女子的原因归于女子的身体,"初民之始,女子短体弱力,受制男子",而且因生育时,"生子亦弱,养子艰难,无人相助,求食不给,成人亦难,人类不繁,且无从与禽兽敌矣"。① 如果说,康有为是对男女平等抱有同情心的平权论者,在面对男女

① 康有为:《大同书》,上海古籍出版社,2005,第 145、148 页。

身体差异时，却是把女性身体的差异视为缺陷，背后隐藏的也是以男子身体为标准的男性视角。

新文化运动作为一个解构和建构同步进行的社会改造工程，在努力摧毁父－子主轴的父权秩序的同时，试图建构起以男－女两性为主轴的性别秩序，但这个秩序却是以男性为中心的。《新青年》杂志作为新文化运动的旗手，在控诉旧礼教，呼吁"人"的解放，在"破"的方面不遗余力。可是，"以科学与人权并重"、把科学和人权视为"舟车之有两轮"的《青年杂志》，用"人权"来解放妇女的同时，用"科学"建构的女性观却同样是以男性为标准的。1915 年末和 1916 年初，《青年杂志》在第一卷第四、第五、第六号，连续三期在"人生科学"的栏目下，刊发由孟明翻译日本小酒井光次的著作，在小酒井光次的名字前特意注明"医学学士"，是为了强调这些论说的科学性。如同栏目名"人生科学"所寄语青年的，《杂志青年》希望通过这些科学小文，指导新青年树立起受"科学"指导的人生。在《女性与科学》一文中，认为："女子比诸男子为近小儿，决非武断之言。"女子的每月行经，特别是痛经是"天然缺憾存诸女子之身体者。数千年于兹矣。此其弱于男子之故也。"因为："月经云者是为受精之准备。此不待言。图子孙之蕃衍。其种族之保存。引乃必要之条件人类之职也。故性的生活。占女人重大之部分。""妇人第一使命，在轮灌家庭以文明良妻贤母。世所尊重者也。对于妇人个人生活及其自身发展之要求，根本上虽无以反抗。而由人类学生理学之见地观之。妇人之性的生活为最要且合乎自然之事理焉。"于是，女子与生物性的关联甚于男子，具有了"科学"的理由。

在如何看待两性差异的思想光谱中，极端保守主义者把差异看成是一种缺陷，依据男女两性之差异得出"男女身体以至道德习惯思想感情意志等显有先天之异同。先天之异同乃又生后天之异同"，然后推导出："女子先天本不宜与男子竞争，反其天性势必减火其生殖力，而人类且有灭亡之结果。"①

光谱中的另一端是女权主义者。否认差异的任何社会意义，秉持同类意识，援引斯宾塞《女权篇》中的开篇名言："人之为学，实男女二类之总名，而无特别之意义。公理固无男女之别也。"② 以1912年民国初建时第一次参政运动为例，反对者从"男女之程度""男女之特性""社会秩序"三方面反对女子参政。③ 现代"人"观的确立，一般很难推翻从"同类"意识出发的男女同等的平等要求，所以，即使反对妇女参政的论者也会抽象地认同男女平等的原则，而诉诸男女之特性："出于天演，不可相强。今若使女子弃其特性之所长，而责以特性所短之政事，是何以异于教牝鸡之司晨而强男子以生子乎？"支持妇女参政的女权主义者从"知识者后天能增长"来驳斥程度说；从特性是从后天习得的角度驳斥特性的先天性，"窃思同为人类，苟与以操练，未有不能成材者"④。换言之，否定先天性，从环境和后天来解释特性。更有意思地是，男性中心的进化论者往往从社会秩序、

---

① 天婴：《研究女性与男性之别及其适宜之教育》，《妇女杂志》1915年第1卷第7号和第8号。

② 吴曾兰：《女界缘起》，《妇女杂志》1915年第1卷第11号。

③ 空海：《对于女子参政权之怀疑》，《民立报》1912年2月28日，载《中国妇女运动历史资料》，第540页。

④ 《杨季威女士来函》，《民立报》1912年3月5日第498号。

人类进化的角度要求女子承担起母职，反对女子独身。魏瑞芝同样诉诸社会利益的角度提出了独身的理由，称："吾以为家庭为小组织，社会为连络家庭之大组织。……各顾一己，而社会之幸福亡矣。吾既有鉴此，故极愿牺牲一切，委身社会。社会即吾家庭。……为社会求幸福，谋利益。庶社会不虚生吾一人，吾亦可告无愧于社会矣。""大而言之，人类皆吾同胞，地球即吾家庭。"①

思想光谱的中间，占据的是男性中心的平权主义者。② 男性中心的平等主义者在处理男女差异的问题时，是从身心两方面展开论述的。自从近代生物"人"观确立之后，身心二元的观念也确立起来，即，"人的灵肉二重的生活"。③ 在"身"的问题上，男性中心的平等主义者会否认男女内在生理结构的差异具有社会意义，但是，都认识到"生育"这一男女差异在制造男女的社会差异方面具有核心作用。在对待"生育"与平等的问题时，又可细分成两派。一派认为生育阻碍了男女平等的实现。毛泽东（1919）："女子用其体力工作，本不下于男子，然不能在生育期内工作，男子便乘他这个弱点，蹈瑕抵隙，以服从为交换条件，而以食物噢咻之。这便是女子被压制不能翻身的总原因。"④ 以女子在生育期间的身体困难作为女子地位历史性坠落

---

① 魏瑞芝：《吾之独身主义观》，《妇女杂志》1923 年第 9 卷，第 2 期，第 27 页。

② 刘慧英称这类男性中心的平等主义者为"男性本位的妇女主义"。刘慧英：《"妇女主义"：五四时代的产物——五四时期章锡琛主持的〈妇女杂志〉》，《南开大学学报》（哲学社会科学版）2007 年第 6 期。

③ 周作人：《人的文学》，《新青年》1918 年第 5 卷第 6 号。

④ 毛泽东：《女子自立问题》，《女界钟》1919 年 11 月 21 日特刊第 1 号。中共中央文献研究室编《毛泽东早期文稿》，湖南出版社，1990，第 422 页。

的原因，在近代知识分子中极有影响力，前文提到的康有为也持相同的观点。这类平等主义者，不认为男女两性的平等应该止于"生育"，而是应该帮助女性去克服，使女性完全与男子等同。比如，后来的社会主义者。在性别问题上，这派论者会走向通过寻求儿童公育来解放妇女。另一派认为男女平等的追求应止步于生育，女权之路随之导向母性主义。如《妇女杂志》的瑟庐，一方面认为"人类的有男女，本为只不过性的区别，并没有什么尊卑优劣可分"①，同时，又认为"盖人类之有男女，乃因于天性之自然，其本质上之不能无差异，犹其生理上之不能无差异。……固不当有主奴之分，然仍有分工之必要"②。这一派论者也追求男女平等，希望把女子提拔到与男子"平等"之后，两性展开平等的灵肉一致的恋爱，然后才能诞育优良的后代，促进人类进化，形成对个人和社会都有益的两性秩序。

关于"心"的差异，反映在女子人格问题的讨论上。同样，男性中心的平等主义者，抽象承认女子应该拥有人格，男女人格是平等。但在具体现实生活中，认为当前女子的人格是不健全的。比如叶绍钧认为："除了最近时代，受有教育，有自立能力的女子，余外就难说了。"原因是"他们没有确定的人生观"，"他们的生活既不健全又不独立"。甚至认为造成女子人格的不完善并不是女子的过错，而是男子的罪恶。男子"把诱惑主义来骗女子，把势利主义来欺女子"，结果，造成女子人格的逐渐

---

① 瑟庐：《到妇女解放的途径》，《妇女杂志》1921年第7卷第1号。
② 瑟庐：《妇女之解放与改造》，《妇女杂志》1919年第5卷第12号。

丧失。① 人格完善一方面自是女性应努力的事，王平陵甚至为新妇女开好了提升人格的处方②，同时，更被认为是男子的责任，"帮觉醒的女子去排除障碍，去向上发展"③。

以男子为标准，确认女子在身心两方面的缺陷的过程，实质上就是建构起以男性为中心，女性为"她"者的过程。江振勇通过研究《妇女杂志》的性别论述，认为《妇女杂志》主编虽历经人选的变更，但在性别观念上都是非常保守的。即使是最活跃的章锡琛主政时期，章锡琛和周建人等人的女性观是一种本质主义的性别观。从创刊到停刊一直都在津津乐道男女在生理、心理方面的异同，试图以男性的规范来矫正女子在人格、行为等方面的缺失。实际上是在建构一种"男性是'人'，女性是男性'他者'"的性别秩序。江振勇基于对《妇女杂志》的研究，尖锐地指出"20 世纪初年的中国有其进步性和颠覆性，其结果顶多只是把女性从传统儒家父权观念下解脱出来，让她们虚幻地以为自己已经争得自由。事实上她们只是堕入了另一个从语言、认识论上，以男人是'人'，女人只是作为男人'他者'的樊笼里"④。

2. "她"字的故事：女性的"她"者化

江振勇称《妇女杂志》是想把女人建构成男人的"他"者，

---

① 叶绍钧：《女子人格问题》，《新潮》1919 年第 5 号。

② 王平陵：《新妇女的人格问题》，《妇女杂志》1921 年第 7 卷第 10 期。

③ 高铦：《性择》，1921 年 10 月 30 日，《学艺》第 3 卷第 5 号 6 号 7 号连载，收入梅生编《中国妇女问题讨论题》第三册，放在"两性问题"栏目下。

④ 江振勇：《男人是"人"，女人只是"他者"：〈妇女杂志〉的性别论述》，《近代中国妇女史研究》2004 年第 12 期，台湾"中央研究院"近代史研究所。

笔者认为更确切地说，是男人的"她"者。"她"字的出现，再次说明语言的性别化是 20 世纪 20 年代建构性"别"观念工程的组成部分。

"她"和"女性"一样，都是现代汉语中的新词。有意思的是，这两个词不仅产生的时间非常接近，而且都属于近代建构两性之别的历史过程。据黄兴涛①的考据，"她"字最早出现于1919 年 5 月 20 日《晨报》上发表的康白情的《北京学生男女交际的先声》。在这篇文章中，康白情引述了他目睹男女在同一个会场开会的场景，以这个事例来证明他所支持的男女同校和男女交际的观点。五四运动以后，男女学生得以共处同室，开启了男女社交公开。5 月 13 日，北京中等以上学校学生联合会召开会议，会场里就有女学生。因一个稿件，引起大家辩论。又因为某君说了两个不妥帖的字眼，更挑动彼此的争论。后来是一位名叫费兴智的女士站起来说了一番话，制止了会场的混乱。"当她话还没有说完，全场的鼓掌已经充满了耳鼓。会场里顿时再现出了一个清醒的空气。"据说这就是有史以来第一个被正式使用的"她"。康白情陈述完这个故事之后，发了一段议论，用费女士以只言片语就可以解纷来说明男女公开社交的好处："这虽由于她的心思缜密。言辞诚恳，而这'性'的作用也是其中很大的一个关系。总足见得拙著《大学宜首开女禁论》，所称引的绝不是信口河的空谈罢了。"② 康白情使用有明显性别特征的"她"

---

① 黄兴涛：《"她"字的文化史——女性新代词的发明与认同研究》，福建教育出版社，2009。

② 康白情：《北京学生男女交际的先声》，《晨报》1919 年 5 月 20 日。

字,是为故意彰显费女士的性别身份。要理解康白情的"性"
与男女同校和社交公开之间的关系,需要从他的《大学宜首开
女禁论》中去寻找答案。1919 年 5 月 6～10 日《晨报》连载了
康白情的《大学宜首开女禁论》,康白情列举了时人讨论女禁问
题时引据的几种主要理由。第一种说法是男女平等,应该受同等
的教育,要退还女子天职,才合乎自然的道德。第二种说法是经
济原因,男女同校省经费。第三种说法是效仿先进国。康表示赞
同这些观点,并提出了另外两个理由。第一,为因势利导现在已
经急进的女子解放运动潮流,以免"长于有积决为患之忧"。第
二,是"性"的理由。"现在大学生在诸方面的堕落……都是没
有女朋友奋勉他们慰藉他们收的恶结果。""人类总是动物的一
种,自然不能不带着动物磁气,那又能背天然法中同性相斥异性
相引的原则呢?""人为法虽不许他们见面,天然法却按一定的
程序冲动他们起要见面的动机",所以,开放女禁、男女同校既
不会使学生的道德堕落,而且足以成就他们的道德,增进他们的
学业。

看起来康白情的立场,同样是一种男性中心的平等主义者。
人人平等只是抽象地赞成。他把女禁问题与黑奴问题同视为
"人类的污点",是"异物同性"的问题。与章锡琛们一样,都
忧虑急进的妇女解放潮流,试图引导它。都抱持着一种拯救者、
教育者、规训者的角色:"我们处于征服者地位男子,若不抛弃
我们的特殊地位,倾注我们的十分同情,与这种义战去解决他。
他们身为俘虏,瘦萎可怜的旧弱女囚,好容易打破那重重关锁,
自己去解决了他呢?"

以往,在讨论大学开女禁、社交自由、恋爱自由等问题,我

们一般都想当然地认为是男女平等原则——同类意识——推动着这些行为。康白情从"性"的角度——类分意识——出发论证的开放女禁，给我们揭开了 20 世纪 20 年代在重构两性秩序时的男性意图。刘禾认为"她"字作为一个"指示性的性别建构"符号，"反映并参与了 20 世纪初就已开始实施的规模更大的性别化过程。……即应当如何建构性别差异，以及在中国寻找现代性的过程中差异应该或能够释放出什么样的政治能量。"① "女性"一词亦具有同样的功能。黄兴涛从文化史的角度，也观察到 20 世纪以来，中国人的性别意识确实得到了新的强化，在这个过程中，出现了许多以'女'字参与组合的新词。②

如果说，男性的新型知识分子试图通过塑造女性的缺陷来建构两性差异，从而"她"者化女性，那么，这个过程并不是完全没有反抗的。如上文提到的女权主义者用特性的后天生成来抗拒差异的天生和命定性。在"她"字使用中，同样也有女权主义者通过拒绝使用"她"字来拒绝"她"者化。一直到 20 世纪30 年代中期，《妇女共鸣》③ 杂志两度刊登拒用"她"字，使用"伊"字的启示。理由是："女性第三身用'她'，男性第三身用'他'，对象第三身用'牠'，以'人旁'、'女旁'、'牛旁'相比衬，男性是'人'，女性是'女'，对象是'牛'，岂非是含着

---

① 刘禾：《跨语际实践》，生活·读书·新知三联出版社，2008，第 52 页。

② 黄兴涛：《"她"字的文化史——女性新代词的发明与认同研究》，福建教育出版社，2009，第 175 页。

③ 妇女共鸣社成员是 20 世纪 30 年代女权运动的积极参与者，参与过国民会议参政运动、废娼运动、法律平等运动、提倡国货运动及社会救济工作。参见顾秀莲《20 世纪中国妇女运动史》上卷，中国妇女出版社，第 293 页。

点女性非'人'的意思吗?"①

相比而言，积极参与建构两性差异的《妇女杂志》是较早和较多使用"她"字，特别是在讨论与"性"相关的议题或译文时，有意识地使用"她"字。仅举一例。石冠英在1921年的《女性研究的目的》② 一文中对"她"字的使用："像这样占全人类半数的女子，若不把她们的性质，剖解明瞭；占中国人民半数的女同胞，若不把她们的天职，定下标准；那么所谓发展世界的文明，增进国民的幸福啦，不是生有绝大的缺陷么？所以女性的解释，若不能的确，要打算满足人类的目的，实现人类的理想，全是没有希望的事情。"在这篇文章中，女性是女子特性之义，但是"她"字与"性属"之间的相关性却是一目了然的。同时，能感受到叙述主体与"她"之间的距离。这个距离就是通过新的语言塑造起来的社会性别的权力距离！

三 结论

20世纪20年代，占有话语主导权的男性新型知识分子，试图建构一个由男－女两性构成的新的社会秩序，来替代父权的儒家秩序。但是，这个新秩序同样是性别化的。儒家秩序建立起父－子纵向主轴的等级结构，后者建立起男－女两性横向主轴的中心－边缘结构。如果说"男女有别"的儒家人伦秩序的父权是外显的，那么，"男女有分"的社会秩序的男权却是内含和隐性的。因为，这个新的秩序由两种基本规范组成，一

---

① 《妇女共鸣》，1934年5月3卷5期；1935年8月的4卷8期。

② 石冠英：《女性研究的目的》，《妇女杂志》1921年第7卷第3号。

个是同为人类的男女平等的同类意识，另一个是男女类分的差别意识。以男性为主体、女性为"她"者的结构隐藏在抽象平等的外衣之下。同时，这个男女二分的社会秩序是异性恋霸权和排斥同性恋的。①

（本文发表于：《中国现代文学研究丛刊》，

2012 年第 5 期）

① 晏始：《男女的隔离与同性爱》，《妇女杂志》1923 年第 9 卷第 5 号。

附录二 平等和差异：近代性"别" 观念双重特性的建构

摘　要： 近代生物进化论传入中国，彻底改变了儒家人伦关系中的"人"观，建立起以生物为基础的"人"的观念。同为人类和男女类分——依据生物性（sex）分成两个性属——的观念同步建立起来。平等和差异是内在于生物人观的两种规范，它们作为女权运动的两种基本理据，在近代却使女权运动陷入了两难困境：诉诸同类，希望成为和男人一样的人，就会落入男人已设定的标准；诉诸差异，作一个与男性不一样的女性，意味着成为男性的"她者"。

20 世纪初，生物进化论的传入，从知识论的角度摧毁了传统儒家秩序的立基之本——"人"的观念。在儒家秩序中，"人"与禽兽的区别在于"人"处于人伦秩序中。近代，建立起人是万物中一类的观念，生物性注入"人"，成了"人"的本质规定。"人"观的转变直接促成了性别观念从"男女有别"向

206

"男女有分"的两性观念的转型：一方面建立起"人"类的同类意识，另一方面建立起以生物性——sex——为基础的"类"分观念。前者，产生了"男女等同"的平等观念，后者，产生了"男女有分"的差异观念。"同类"和"类分"是"类"意识的共生物。男女的同一性和差异性的同步建构，是生物"人"观这棵树结出的两种果实。

本文将具体分析近代性"别"观念——包含平等和差异——是如何同步建构起来，剖析性"别"观念的内在逻辑结构和逻辑关系。自从近代男女二元的"两性"观念建立起来之后，对男女平等/女权的追求一直都在平等和差异的天平上摇摆，只是在不同的历史时期各有侧重和彰显，却从未摆脱过平等和差异的双重制约。

一 何为"男""女"？：古代汉语和现代汉语的释义区别

对"男""女"的理解在近代发生过重大的变化，这种观念转型可以从古代汉语和现代汉语的理解中窥见一斑。《辞源》①是一本专门为现代人阅读古籍准备的词书，更能呈现古汉语词义的面貌，即，古代人的观念。《现代汉语词典》②，顾名思义，反映的是现代汉语的语义，即现代人的观念。比较两者的"男"和"女"的词条，古代汉语与现代汉语对于"男"、"女"的不

---

① 《辞源》是我国第一部大规模的语文辞书，编纂始于 1908 年（清光绪三十四年），1915 年以甲乙丙丁戊版本出版。1931 年《辞源》续编，1939 年出版《辞源》合订本，1949 年出版《辞源》简编。1979 年再次修订，1998年出版第 8 版。

② 《现代汉语词典》1958 年 6 月正式开编，1978 年出版第 1 版。

同观念就昭然若揭了。

1915 年版《辞源》对"女"的解释：①男女之对称。②已嫁者为妇，未字曰女。③星名，见"女宿"条。④以女妻人曰女。⑤与汝同对我之称。⑥姓。商有女鸠女房。

1979 年修订的《辞源》中，"女"的解释与 1915 年版《辞源》的①和②的释义稍有不同。"女"的解释：①女性。《易·序卦》："有男女，然后有夫妇"。古文对文，已嫁者为妇，未嫁者为女。②美、柔、弱小。第③④⑤释义相同，⑥可能因为"不成词或过于冷僻的词目"[①] 被删除了。表面上看，1979 年版只是对 1915 年版的①②两个解释的合并，并增加有关女性气质的表述。但是，这两个版本释义的分合，却微妙地传达出对于"女子"的现代与古代两种不同的观念。1915 版基本承袭了传统儒家人伦秩序中的"女子"观，第①个释义表明，"女"是与男子相对的女子通称；第②个释义表明，女/妇的身份是与婚姻和家庭内的具体人际关系相关联，不存在所谓独立自存的女子身份。1979 年版对释义①②的合并，说明 20 世纪的后半叶"女性"作为一种抽象的本体论意义上的类属已经确立起来了。"女"与"性"（sex）结合之后，"女性"成为人类中的一个类属。"女性"作为一个类属出现之后，产生了什么样的性"别"观念？与传统的性别观念有何区别？正是本文想探究的。

1915 年版《辞源》对"男"的解释：①男子也。②子对父母自称曰男。③五等爵之第五等曰男。④姓。1979 年版的《辞源》对"男"的解释基本与 1915 年版相同。不同的是，1979 年

---

① 《辞源》，商务印书馆，1998，出版说明。

版的"男"字词组中出现了"男女"一词，并解释为：①指两性生活。《礼·礼运》：饮食男女，人之大欲存焉。②元明时的仆役自称，相当于"小的"。③骂人的话。

1915 年版《辞源》同样显示"男"的界定与生物性的"性"无关，却与父母的相对关系有关，再次说明"男"和"女"的主体身份是通过人伦秩序中的位置界定的。正所谓名分，"官方定物，正名育类"（《国语·晋语四》），有"名"才有类分。"女性"和"两性"都是 20 世纪初才进入中国的语言系统，是伴随生物学及其相应观念在中国传播的产物，是西文生物学的 sex 开始对译成"性"之后的结果。[①]"两性"应稍早于"女性"一词的出现。1915 年版《辞源》未见"女性"和"男性"的组词。1979 年修订的《辞源》中，以"女性"解释"女"和用"两性关系"解释"男女"，明显是用现代汉语解释古代汉语。

通过比较两个不同历史时期的《辞源》版本，清楚地呈现出以"性"（sex）为基础的"女性""男性"的性别观念是一种现代观念。《现代汉语词典》更直观和清晰地展示出，生理属性——"精细胞"和"卵细胞"的科学语言——作为"女""男"的本质规定，成为现代人的基本认知。"女"字词条的解释，结构上类似于《辞源》：①女性（跟"男"相对）；②女儿；③二十八宿之一。词组中出现了"女人""女性""女子"这样的组词，并以"女性"作为其基本界定。

---

① 宋少鹏：《"女性"和性"别"观念在近代中国的建构》，《中国现代文学研究丛刊》2012 年第 5 期。

〔女性〕①人类两性之一，能在体内产生卵细胞。②妇女：新女性。

〔女人〕女性的成年人。

〔女子〕女性的人。

"男"字释义是"女"字的相对版。①男性（跟"女"相对）。②儿子。"男"的词条下有男人、男性、男女等词组。

〔男性〕人类两性之一，能在体内产生精细胞。

〔男子〕男性的人。

〔男人〕男性的成年人。

〔男女〕①男女和女性。②〈方〉儿女。

语言是观念的载体。《辞源》和《现代汉语词典》对于"男""女"的不同释义，折射出近代中国社会性别观念和性别认知的重大转型。

西蒙娜·德·波伏娃在她的名著《第二性》的结尾处意味深长地引用了马克思在《1844 年经济学哲学手稿》中的一段话，"人和人之间的直接的、自然的、必然的关系是男女之间的关系……从这种关系的性质就可以看出，人在何种程度上成为并把自己理解为类存在物，人；男女之间的关系是人和人之间最自然的关系。因此，这种关系表明人的自然的行为在何种程度上成了人的行为，或人的本质在何种程度上对他来说成了自然。"①

如果说，波伏娃的工作揭示了"自然"关系转变成"人造"的社会关系，从而女人沦为第二性的奥秘。但是，近代中国性别

---

① 〔法〕西蒙娜·德·波伏娃：《第二性》，陶铁柱译，中国书籍出版社，1998，第 669 页。

观念的转变却是完全相反的一个故事，讲述的是如何把男女关系从社会关系转变为一种"自然"关系，并为这种新的"自然"的性别化的社会秩序输入生物学和进化论的"科学"地基，然后，女性成为第二性的故事。

二　近代"人"观的建立：社会"人"向自然"人"转型

1. 儒家"人"观和"男女有别"的父权秩序

儒家以人伦之礼来区分"人"与禽兽的区别。《礼记·郊特性》称"无别无义，禽兽之道也。"规范"别"和"义"的是"礼"，核心是人伦之序。《礼经》中说："鹦鹉能言，不离飞鸟。猩猩能言，不离禽兽。今人而无礼，虽能言，不亦禽兽之心乎?"《孟子》中有多处地方提到人与禽兽之区别，最著名的莫过于骂墨子兼爱，"无父无君，是禽兽也"。（《孟子·滕文公下》）由此可见，儒家观念中，"人之所以异于禽兽者几希"（《孟子·离娄下》），就几希在"察于人伦"。只有在人伦秩序中的人才是"人"，人伦关系成为"人"的本质性规定。"男女有别，然后父子亲。父子亲，然后义生。义生，然后礼作。礼作，然后万物安。无别无义，禽兽之道也。"（《礼记·郊特性》）

儒家人伦秩序是一种父权男系的社会秩序，呈现为男系、父权和从父居。如果说父子关系是基于不可更改的自然人伦差序建立起来的等级关系，那么，夫妇之间的差序等级却需要人为后天建构。男系制只能通过外婚制来实现，正如"夫昏礼，万世之始也"（《礼记·郊特性》）。这里的"万世"是男系的万世之世系。外婚制通过"同姓不婚"的禁忌和"附远厚别"的礼制来保证。如果只有"别"，没有"从"，结两姓之好的婚姻仍无法保证男系的单系制，[①] 只有通过"别"确立"从"的关系，即，通过"男女有别"确立"男帅女，女从男"的"夫妇之义"，才能确立男系的中心地位。所以，是男系单系制的婚姻制度必然要求外嫁女"从"的地位。在这种男系的世系传承中，"信"是对嫁入夫家的外姓女子道德的基本要求。郭店楚简的《六德》篇和《大戴礼记·本命》都有以"信"为妇德的明确记载。对女子日常行为的禁锢性规范和从一而终的要求，最初是为了确保远嫁而来的外姓女子对于夫家的诚信，后来上升为妇德的道德规范。从社会整体秩序而言，男系和父权的儒家秩序需要建立在异姓家庭之间交换女人的婚姻制度上。要使这种秩序得以实现和维持，首先在每个家庭内部必须树立起父亲的威权，建立起男女有别的具体入微的日常行为规范（如《礼记·内则》之规定）和"女从男"的道德规范，这样才能使"交换女人"的婚姻制度得以运转。简言之，儒家的人伦秩序作为一种性别化的社会秩序，这个秩序的塔基是"男女有别"。这种秩序非常不同于以希腊文明为起源的西方社会秩序，西方社会基于公私二元分离的结构，西方女权主义奋斗的目标是控诉生活于家庭内部的妇女的"不

---

① "别两姓"的外婚制，逻辑上并不能必然导致"女从男"。清末最早提倡男女平等的维新人士，起初并没有把孔教视为压迫妇女的思想根源，托古改制，把孔教视为重构男女平等的思想资源，通过重新解释"妻者，齐也"、"妻之言齐，非有等差"，试图在儒家伦理秩序中重建平等的"夫妇"，从而在不动摇家国结构的前提下，塑造一个以平等为基础的"齐家、治国、平家下"的局面。参见夏晓虹《晚清文人妇女观》，作家出版社，1995，第 50~60 页。

可见"，以及把妇女排挤出公共/政治领域。① 而在中国，家国同构的儒家伦理/政治秩序中，家庭和性别关系具有基础性作用，对女子的规范从来没有离开过儒家话语，相反是其不可分离的内在组成部分。同时，儒家秩序中的"别"是人伦秩序中的"别"，是社会性的差别，而非生理性的差别。

在传统儒家秩序中，女子的位置在家庭和婚姻之内，如1915 年版《辞源》所揭示的，男、女在各种具体的人伦关系中获得自己的名分和位置：未嫁者为女，出嫁者为妇。未嫁时，相对于父母是女儿；出嫁后，相对丈夫是妻子，相对于公婆是媳妇，相对于儿女是母亲；还有姊妹、妯娌、叔媳等基于婚姻家庭关系产生的各种人伦关系。在这种儒家秩序中，每个人都是在各种人伦关系中确立自己的社会位置和社会身份，从没有超越于社会关系之外的独立"个体人"的存在，也不存在"个体人"的观念。人伦的差序结构构造出了社会秩序的差序，当然，这个秩序中不可能存在平等的观念，所谓"有上下然后礼义有所错"（《周易·序卦》）。

2. 生物"人"观对于儒家秩序的颠覆

1915 年版的《辞源》已是从生物的角度来释义"人"——动物之最灵者。这一定义与严复 1898 年翻译的《天演论》对"人"的界定如出一辙："号物之数曰万，此无虑之言也，物固奚翅万哉！而人与居一焉。人，动物之灵者也，与不灵之禽兽鱼鳖昆虫对"（《导言三·趋异》）。金天翮在 1903 年的《女界钟》

---

① Suan Moller Okin, *Women in Western Political Thoughts*, Princeton University Press, 1979.

中这样描述女体形成的生物性进程："胎者，人卵变人之始基也。基始不过英寸三百分之一卵珠，瞬息变化，数目而成鱼类之形，又数目而成抓虫之形，至六礼拜而成兽类之形，更八礼拜而成小犬之形，由是转移改换而成人也。故人者制造物也，由劣等生物而变为高等动物也。"①

可见，生物进化论以及生物"人"的观念在20世纪初已扎根于新型知识分子头脑中了。从此，人与禽兽之区分不再是人伦，人本身就是禽兽。人与其他生物的区别在于身体的生物结构。以生物性来定义人，为人的独立存在提供了新的知识论基础。"人"成为本体论意义上的存在物，即，"人"的存在不需要依据任何外部的理由，比如儒家的人伦秩序。人是"人"自身存在的理由。以生物性为基础的本体存在的人，使"人"能够从传统儒家的人伦秩序中超拔出来，成为个体的人，而且是自立的"人"②。近代"自然科学"和"社会科学"知识，特别是生物学和社会进化论，为这种本体论的人提供了理据。

清末，也有论者用"受生于天"的概念来超越儒家人伦秩序。比如1882年的《万国公报》上一篇支持废缠足的文章，称人是上帝所造："原上帝造人，四肢五官，各适其用，男女皆同。"人的身体不再是受之于父母，而是受之于上帝，缠足即"乃坏上主所造之形器"。父母为子女缠足就不再具有正当性，反之却是逆理，

---

① 金天翮：《女界钟》，陈雁编校，上海古籍出版社，2003，第9页。

② 1885年英国传教士傅兰雅口译，应祖述笔录的《佐治刍言》中曾谈到"天既赋人以生命，又必赋人以材力，使其能求衣食以自保其生命。……故无论何国何类何色之人，各有身体，必各能自主，而不能稍让于人"。〔英〕傅兰雅：《佐治刍言》，上海江南制造局译本，1885，第5页。

会获罪于上帝。① 更多的清末知识分子不是从基督教的上帝那里获得超越人伦秩序的正当性，而是更多地调用混杂了西学的自然观和中学的"天理"观的"天"，使"人"直接受生于"天"，从而获得超越人伦的正当性。比如，"男女同为天地之精菁、同有无量之盛德大业，平等相均"（谭嗣同）②；"男女中分，人数之半，受生于天，受爱于父母，匪有异矣"（梁启超）③；"人者天所生也……男女虽异形，其为天民而共受天权一也"（康有为）④。某种程度上，这个"天"已经融合了自然之天和形上的"天"，与以生物性来界定"人"的人观并不冲突，反而是对它的一种哲学提升。这种身体观，相比较于"身体发肤，受诸父母，不敢损伤，孝之始也"的儒家思想的身体观，是截然不同的。

生物性"人"观的建立，具有破与立的双重功效。从解构的角度讲，生物性"人"观的确立，破坏了儒家的人伦秩序，把人从儒家人伦秩序中解放出来。从建构的角度讲，对新的世界图景的想象是以生物性的个人为基本构成单位，新的历史秩序和社会秩序都需要符合生物进化的"自然"规律。在这个秩序中，最基本的秩序是"类"的观念。"类"观念包括"同类"和"类分"两个互为依存同时起作用的双重规范。"人类"是万物

① 鸳湖痛定女士贾复初稿：《缠足论》，载中华全国妇女联合会妇女运动历史研究室编《中国近代妇女运动历史资料（1840~1918）》，中国妇女出版社，1991，第24页。

② 谭嗣同：《仁学》，蔡尚思、方行编《谭嗣同全集》下，中华书局，1981，第204页。

③ 梁启超：《戒缠足会叙》，载中华全国妇女联合会妇女运动历史研究室编《中国近代妇女运动历史资料（1840~1918）》，中国妇女出版社，1991，第27页。

④ 康有为：《大同书》，上海古籍出版社，2005，第215页。

中的一类，虽是最灵者，但跟其他物种相比，同样具有生物相似性。人类，是最大的人群单位。国家、种族、男/女等都只是"人类"这个大类之下不同的类分方式。康有为的《大同书》展示的就是人类各种"类分"的状态，以及"去国界""去级界""去种界""去形界""去家界""去产界"，甚至越超"人类"类界的"去类界爱众生"的大同世界的乌托邦理想。

三 同类：平等意识和性别身份的认同

1. 同类意识与平等观念

当身体受生于"天"时，或是来自于自身的生物性时，以这种身体立身的"人"，包括男女、君民，都是一种独立存在，可以超越人伦秩序，超越等级尊卑而要求平等。儒家秩序虽强调等级次序，存在男女之间的等级尊卑，却不存在女人不是人的问题，从没否认过哪个等级的人不是人。女子是人，奴婢是人，小人同样是人。早期女权论述就是从"女人是人"出发，推翻"夫妇之别"，要求男女平等的。如《清议报》的《男女平等之原理》开篇论证："古者夫妇之好，一男一女，而成家室之道，各具自由之权……阴阳一也，其名曰元；男女一也，其名曰人。……不循其父子夫妇之特别，而率其天然交媾之性质，人各自人，生各自生，其理与天地无间。"结尾呼应篇首："夫天之生物，人为贵。君人也，民亦人也，男人也，女亦人也。……正夫妇而跻男女于平等，亲父子而予子女以自由，文明至此，大同至此，人道之乐，如是而已。"①

① 中华全国妇女联合会妇女运动历史研究室编《中国近代妇女运动历史资料（1840～1918）》，中国妇女出版社，1991，第151、154页。

所以，当本体的"人"观建立起来之后，同类意识很容易化生为"人人平等"观念，对现存社会秩序中的一切等级提出挑战，要求男女平等、君民平等、阶级平等，等等。人权、女权、民权是"人观"这套话语体系中的同一组概念，这三个概念在清末近乎同步传入中国①，相互证成支持，也是一证明。比如金天翮（1903）在《女界钟》中称"民权与女权如蝉联蚷蕁而生"，②而劳动问题和妇女问题经常被视为20世纪需要同步解决的两大问题。向警予（1923）曾经把三种"权"融为一体："女权运动是妇女的人权运动，也是妇女的民权运动。"③ 人格、人道是"人观"这套话语体系中另外两个核心词，与"人"的定义经常循环论证同义反复，与人权的关系基本上是互释关系。19世纪末20世纪初期形成的人格、人道、人权、女权、民权这些新词，在新文化运动中被激活和大量使用，用来重新发现"人"和创造新人。④

2. 同类意识与跨时空的身份认同

清末各类有关妇女的论述中，女子因共同的性别身份与其他

---

① 据日本学者须藤瑞代考据："人权"在1895～1898年黄遵宪发表的诗歌里已出现；"民权"在郭嵩焘《伦敦与巴黎日记》1878年5月18日的日记中已出现。"女权"一词最早在1900年《清议报》第38期翻译福泽谕吉的《男女交际论》中出现，但这篇文章本身并不谈论女权，而是男女交际问题。同年第47期的《清议报》中翻译石川半山的《论女权之渐盛》，明确使用了女权之义。〔日〕须藤瑞代：《中国"女权"概念的变迁》，〔日〕须藤瑞代、姚毅译，社会科学文献出版社，2010，第16～25页。

② 金天翮：《女界钟》，陈雁编校，上海古籍出版社，2003，第4页。

③ 向警予：《中国妇女运动杂评》，戴绪恭编《向警予文集》，湖南人民出版社，1985，第125页。

④ 周作人：《人的文学》，《新青年》1918年第5卷第6期。

国家的女人建立起"女"的同类意识。经常在同一篇文章中出现"中华妇女"、"西女"或"泰西妇女"之间的比较。而这种基于妇女的身份类属，甚至是超越时间、空间（包括国家界线）的妇女集体身份。《大同书》在论女界之苦时，中国的男女大防、印度的抑女、欧美女子不得议政任官，都被放入"女界"——作为人类整体的妇女群体——之苦的事例之中。在清末女权论述中常常古今中西的妇女典范并举：南北朝的花木兰、西汉提萦、宋代的梁红玉、明代的秦良玉、法国的罗兰、贞德、美国的批茶、俄国的苏菲亚是最常被引用的女英雄。金天翮在他为"二百兆同胞姊妹"敲响《女界钟》后，在文章结尾处一口气列举了 13 个中国历史中的女典范和 9 个国外女英雄，作为中国女子学习的榜样。① 须藤瑞代（2010）在研究近代中国"女权"概念的变迁时，认为跨国界的"同为女人"意识的建构，在观念层面上，只能发生在把"母"与"女"两种身份切割开来，"母"的角色与国家继续联动，而"女"被赋予了对抗"男"的角色，成为与国家问题无直接关联的主体时，才产生了超越国家界限、同为女人的意识。笔者认为，在逻辑上，当人类作为"类存在"的观念建立起来时，跨国的女人认同甚至跨时间的女人认同就会逻辑地建构起来。但是，这种跨时空的女人认同，虽不能完全否认"性属"在身份认同上的作用，但是，更多的认同基础来自于同为被压迫者的身份认同之上。"女人"的同类意识，是跨国界学习和引介"先进国家"女权经验的动因。

---

① 金天翮：《女界钟》，陈雁编校，上海古籍出版社，2003，第 82～83 页。

周作人在他著名的《人的文学》（1918）① 一文中清楚地表达跨国界认同来源于"人类"意识。他认为："对于中外这个问题，我们也只需抱定时代这一个观念，不必再划出什么别的界限。地理上历史上，原有种种不同，但世界交通便了，空气流通也快了，人类可望逐渐接近，同一时代的人，便可相并存在。……人总与人类相关，彼此一样……仔细说，便只为我与张三李四或彼得约翰虽姓名不同，籍贯不同，但同是人类之一，同具感觉性情。"所以，"只能说时代，不能分中外"。这是近代大量的外国译著涌入中国的认识论基础。周作人说得很清楚："我们偶有创作，自然偏于见闻较确的中国一方面，其余大多数都还须绍介译述外国的著作，眼里看见了世界的人类，养成人的道德，实现人的生活。"

在"人类"意识和进化的公理观的关照下，与其说效仿西方，不如说是遵从"公理"。西方只是"公理"实现的一个例子。在民国初年女子参政权论争中，反对女子有参政权的论者以比中国进步的欧美女子还没有参政权作为反对的理由，支持参政权的女权主义者立即援引"人类"和"公理"说，来说明中国妇女完全能够为西方妇女树立榜样。"要求参政权，肇自英伦姊妹，我女同胞非好为过举，以相仿效，诚知为今日之所当为耳。一则女子之有参政权，为人类进化必至之阶级，今日不实行，必有他日；则与其留为日后争端，不若乘此时机树立完全民权之模范。……有当与否，伏祈以公理为断，幸甚！企甚！"②

---

① 周作人：《人的文学》，《新青年》1918 年第 5 卷第 6 期。

② 《杨季威致某报记者书》，载中华全国妇女联合会妇女运动历史研究室编《中国近代妇女运动历史资料（1840～1918）》，中国妇女出版社，1991，第 538 页。

四　类分："两性"和性"别"的近代建构

1. 两性：sex/性成为分类标准

生物"人"观确立之后，儒家的"男女有别"转化成了"男女两分"，而分的基础是性/sex。在古汉语中，"性"并不通sex。1915 年的《辞源》中对"性"的释义：①生之质也。如性善性恶。②生命也。犹言性命。③无为而安行之曰性。又比如，"食色，性也"。"性"，对应的英文应是 nature；"色"才应该对应 sex。"性"跟 sex 的对应关系，是近代生物学等传入中国之后才形成的。性通 sex 用法，应是日本从中国引进"性"的汉字，然后赋予性对应于 sex，再从日本返回中国的那类名词。[①] 周作人（1927）在《读〈性的崇拜〉》一文中提到"两性字样是从日本来的新名词"。[②]

sex 通"性"，首先是指性属，即以 sex 分类的类属。1916 年出版的《English – Chinese Dictionary of the Standard Chinese Spoken Language and Handbook for Translators, Including Scientific Technical, Modern and Documentary Terms》中[③]，sex 对应于"类、造、性、属"；指称人类时，指"男女、乾坤、男女特

---

① Leon Antonio Rocha, "*Xing*: *The Discourse of Sex and Human Nature in Modern China*", Gender and History, Vol. 22 （No. 3, Novermber, 2010）, pp. 603 – 628.

② 周作人：《读〈性的崇拜〉》，《周作人书话》，北京出版社，1996。

③ Hemeling, Karl Ernst, *English – Chinese Dictionary of the Standard Chinese Spoken Language and Handbook for Translators, Including Scientific Technical, Modern and Documentary Terms*, Shanghai：Statistical Department of the Inspectorate General of Customs, 1916.

性"，与"人类"并称的是"鸟类、花、昆虫、哺乳动物"。换言之，sex 是指各种生物所具有的生物属性。比如，1917 年的刊物中，有"男性动物"和"女性动物"①的用法。人类依据 sex 的属性，分为"female sex 女性、女造"，"fair sex 闺阁、闺门"和"male sex 男性、男类、男造"。1903 年出版的《女界钟》中，已经出现了"女性国民"的用法："中国普通人民有一种之特性，吾可执此以证女界之必发达者非他，则女性是也。法兰西之历史学家有言曰'纂地以北之民族，盖杂女子性，于女性国民中，故妇女独得显著之地位'。"② 但此处"女性"是指女子特性，这可能是"女性"在现代汉语中最早的用法之一。

在 1900 年的日本石川半山的《论女权渐盛》中就有"两性"的用法，"人有男女。时如胶漆，合为一体。时如火水，迭为仇雠。古来两性势力，从时与地而异"。③ 当男女依据 sex 进行分类，"女性"成为一种性属，每个性属都有其属性，"女性"的性属就与生物性有了不可分割的密切关系。而作为类属的"女性"成为集合名词指代妇女时，是一种性化的主体。④

2. 性别：对两性差异赋予社会意义

男女二分的性别——以"性属"分类的类别——观念建立起来之后，必须对男女的生理差异的社会意义或者说社会后果做

---

① 天风、无我译：《女性动物与男性动物智慧之研究》，《妇女杂志》1917 年第 3 卷第 5 期。

② 金天翮：《女界钟》，陈雁编校，上海古籍出版社，2003，第 65 页。

③ 〔日〕石川半山：《论女权之渐盛》，《清议报》1900 年第 47 期。

④ Tani Barlow, *The Question of Women In Chinese Feminism*, Duke University Press, 2004.

出解释。事实上，当身体作为人的本体存在的基础时，平等主义者从一开始就不得不面对和处理"同为人类"和"男女类分"的内在困境。

在如何看待两性差异的思想光谱中，极端保守主义者把差异看成是一种缺陷，依据男女两性之差异得出"男女身体以至道德习惯思想感情意志等显有先天之异同。先天之异同乃又生后天之异同"。然后推导出："女子先天本不宜与男子竞争，反其天性势必减灭其生殖力，而人类且有灭亡之结果。"① 光谱中的另一端是女权主义者，否认差异的任何社会意义，秉持同类意识，经常援引马君武翻译的《斯宾塞女权篇》之开首语："人之为学，实男女二类之总名，而无特别之意义。公理固无男女之别也。"② 否定男女差异的先天性，从环境和后天来解释特性："窃思同为人类，苟与以操练，未有不能成材者。"③

比较复杂的是思想光谱的中间，这类论者一般地抽象地承认男女平等，但是在处理具体的两性关系时，往往认为当下女子的身心是有缺陷或是不健全，有待改善的。而对女子身心不健全的判断，依据的是隐藏在标准——男子的身心为标准——背后的男性中心，所以，笔者称之为"男性中心的平等主义者"。自从近代生物"人"观确立之后，身心二元的观念也确立起来，即"人的灵肉二重的生活"。④ 在"身"的问题上，男性中心的平

---

① 天婴：《研究女性与男性之别及其适宜之教育》，《妇女杂志》1915 年第 1 卷第 7、8 期。

② 吴曾兰：《女界缘起》，《妇女杂志》1915 年第 1 卷第 11 期。

③ 杨季威：《杨季威女士来函》，《民立报》1912 年 3 月 5 日。

④ 周作人：《人的文学》，《新青年》1918 年第 5 卷第 6 期。

等主义者即使否认男女内在生理结构的差异具有社会意义，但都认识到"生育"这一男女差异在制造男女的社会差异方面具有核心作用。在对待"生育"与平等的问题时，又可细分成两派。一派认为生育阻碍了男女平等的实现。如，毛泽东（1919）认为："女子用其体力工作，本不下于男子，然不能在生育期内工作，男子便乘他这个弱点，蹈瑕抵隙，以服从为交换条件，而以食物噢咻之。这便是女子被压制不能翻身的总原因。"① 以女子在生育期间的身体困难作为女子地位历史性堕落的原因，在近代知识分子中极有影响力。这类平等主义者，不认为男女两性的平等应该止于"生育"，而是应该帮助女性去克服，使女性完全与男子等同。在性别问题上，这派论者走向通过寻求儿童公育来解放妇女，而女权运动的最终归宿是男女在社会上的彻底等同，比如社会主义者。另一派认为男女平等的追求应止步于生育，女权之路随之导向母性主义。如《妇女杂志》的瑟庐，一方面认为"人类的有男女，本为只不过性的区别，并没有什么尊卑优劣可分"②，同时，又认为"盖人类之有男女，乃因于天性之自然，其本质上之不能无差异，犹其生理上之不能无差异。……固不当有主奴之分，然仍有分工之必要"③。这一派论者也追求男女平等，希望把女子提拔到与男子"平等"之地位后，两性可以展开平等的灵肉一致的恋爱，然后诞育优良的后代，促进人类进化，形成对个人和社会都有益的两性秩序，所以，把母权运动视

---

① 毛泽东：《女子自立问题》，《女界钟》1919 年 11 月 21 日。中共中央文献研究室编《毛泽东早期文稿》，湖南出版社，1990，第 422 页。

② 瑟庐：《到妇女解放的途径》，《妇女杂志》1921 年第 7 卷第 1 期。

③ 瑟庐：《妇女之解放与改造》，《妇女杂志》1919 年第 5 卷第 12 期。

为女权主义的最终归宿。而这两派有一个共同点，都是以男性为中心出发的论述。

关于"心"的差异，反映在女子人格问题的讨论上。同样，男性中心的平等主义者，抽象承认女子应该拥有人格，男女人格是平等。但在具体现实生活中，认为当前女子的人格是不健全的。比如叶绍钧（1919）认为："除了最近时代，受有教育，有自立能力的女子，余外就难说了。"原因是"他们没有确定的人生观"，"他们的生活既不健全又不独立"。甚至认为造成女子人格的不完善并不是女子的过错，而是男子的罪恶。男子"把诱惑主义来骗女子，把势利主义来欺女子"，结果，造成女子人格的逐渐丧失。[①] 人格完善一方面自是女性应努力的事，王平陵甚至为新妇女开好了提升人格的处方。[②] 同时，更大程度上，帮助妇女完善人格被认为是男子的责任，"帮觉醒的女子去排除障碍，去向上发展"。[③]

以男子为标准，确认女子在身心两方面的缺陷的过程，实质上就是建构起以男性为中心，女性为"她"者的过程。

五 新规范：以两性为横轴的新社会秩序

新文化运动推翻了以父子为主轴的父权制的等级制度，同时，试图建构一个由男女两性为横轴的新的社会秩序，来替代父权的儒家秩序。这个新的秩序由两种基本规范组成，一个是同为人类的男女"同类"的平等意识，另一个是男女"类分"的差

---

① 叶绍钧：《女子人格问题》，《新潮》1919 年第 5 期。

② 陈独秀：《一九一六年》，《青年杂志》1916 年第 1 卷第 5 期。

③ 王平陵：《新妇女的人格问题》，《妇女杂志》1921 年第 7 卷第 10 期。

别意识。在这种全新的社会秩序的想象中，有两种关系的规范就变得极为重要：一个是个人与整体的关系；一个是男性与女性的关系，而这两种关系又密切地关联在一起："个人集合为社会，社会分子即个人；离开个人，便没有社会，无社会便没有个人。个人之中，含有男女的两性，两性结合，复生新个人。如此新陈代谢，循环无端，社会才有创造的继续的进化。所以，社会是有机的集合体。也就是男女两性的大系统。"[1]

从观念结构上讲，"类"是由每个个体生物组成的，个体与所属"类"之间是不可分割的关系，产生了一种个人与整体相嵌的关系。类，包括人类、种族、社会、国家（现代民族国家实质上是种族基础上的国家）。个人－整体相嵌的结构里，在观念逻辑上，个人与整体是一个统一体，两者并不冲突，反之是相辅相成。个人的完善是整体进化的前提；个人的不完善会拖累整体的进化。比如，"中国社会没有进化的原因，未始不是女子一方面丧失人格，放弃天职的缘故"。[2] 正是这个原因，女子的人格问题是男性中心的平等主义者讨论妇女问题的一个主要问题。换言之，关注中国社会问题需要关注妇女问题，这也是当时关心社会变革的男性知识分子喜欢谈妇女问题的一个原因。叶绍钧正是从个体－整体相嵌的视角出发界定人格："人格是个人在大群里头应有的一种精神。换语说来，就是做大群里独立健全的分子的一种精神。"[3] 陈独秀是从个人的角度——独立自主——来定义人格；[4] 叶绍钧

---

① 陈独秀：《一九一六年》，《青年杂志》1916 年第 1 卷第 5 期。

② 陈独秀：《一九一六年》，《青年杂志》1916 年第 1 卷第 5 期。

③ 叶绍钧：《女子人格问题》，《新潮》1919 年第 5 期。

④ 陈独秀：《一九一六年》，《青年杂志》1916 年第 1 卷第 5 期。

是从整体的角度来定义人格，并把人格具化为指导生活的道德规范，两者相辅相成，并不冲突。

新秩序中另一个需要重塑的社会规范是对于男女两性的规范。生物"人"观的确立，社会的秩序"不循其父子夫妇之特别，而率其天然交媾之性质"。① "我们从细胞学，从胎生学上想，这进化里最主要的因子是生殖。无性生殖以外，一定是和性相关的。"② 20 世纪 20 年代新性道德讨论浮现出来，是建构社会新秩序的需要。新性道德的讨论一方面肯定个人的生物性欲望的正当性，另一方面，希望把这种欲望规导到有利于优生和人类进化的轨道上，即，通过平等男女之间的恋爱自由来实现。如果说，在儒家秩序下，对生育的重视是因为生育是家国结构的塔基；那么，在社会进化论中，生育是人类繁衍的根本。而且两性秩序的规范同样受制于个体－整体相嵌的道德观念。比如，章锡琛认为："性的道德，完全该以有益于社会及个人为绝对的标准；从消极的方面说，凡是对于社会及个人并无损害的，我们绝不能称之为不道德。"③ 周作人给新性道德找了一个科学的标准："第一，认人的自然的欲望本能是正当，但这要求的结果，须不损害自己和他人。第二，性的行为的结果，是关系于未来民族的。故一方面更须顾到民族的利益。这是今日科学的性道德的基础。"④ 在个人－整体相嵌的道德观中，从生物性出发的对个人

---

① 《男女平等之原理》，载中华全国妇女联合会妇女运动历史研究室编《中国近代妇女运动历史资料（1840~1918）》，中国妇女出版社，1991，第 153 页。

② 王平陵：《新妇女的人格问题》，《妇女杂志》1921 年第 7 卷第 10 期。

③ 章锡琛：《新性道德是什么?》，《妇女杂志》1925 年第 11 卷第 14 期。

④ 周作人：《性道德之科学的标准》，《妇女杂志》1925 年第 11 卷第 1 期。

欲望本能的肯定与整体利益（民族利益）并不是冲突的，反之是互相促进的。但是，这种整体观内在隐含着一种强迫性的集体主义。正是这种个人－整体观，20世纪20年代对母性问题的讨论中隐含着对于女性履行母职的强迫性。

尽管，在新文化运动中，控制媒体的新型男性知识分子握有话语权，但绝不能说没有女子的声音，以及对于以男性为中心的两性秩序的建构没有反抗。当时的女性知识分子也往往诉诸同样的知识论和道德观来追求女权。比如，男性中心的进化论者往往从社会秩序、人类进化的角度要求女子承担起母职，反对女子独身。魏瑞芝同样诉诸个人与社会的关系，从社会利益的角度提出了独身的理由，称："吾以为家庭为小组织，社会为连络家庭之大组织。……各顾一己，而社会之幸福亡矣。吾既有鉴此，故极愿牺牲一切，委身社会。社会即吾家庭。""大而言之，人类皆吾同胞，地球即吾家庭。"① 1912年，女权主义者掀起民国第一次参政运动。反对者从"男女之程度""男女之特性""社会秩序"三方面反对女子参政。② 女权主义者从"知识者后天能增长"来驳斥程度说；从特性是从后天习得的角度驳斥特性的先天性。③ 当男性创制"她"字，通过对语言的性别化来建构性之"别"时，《妇女共鸣》杂志两度刊登拒用"她"字，使用"伊"字的启

---

① 魏瑞芝：《吾之独身主义观》，《妇女杂志》1923年第9卷第2期。

② 空海：《对于女子参政权之怀疑》，载中华全国妇女联合会妇女运动历史研究室编《中国近代妇女运动历史资料（1840～1918）》，中国妇女出版社，1991，第539～540页。

③ 中华全国妇女联合会妇女运动历史研究室编《中国近代妇女运动历史资料（1840～1918）》，中国妇女出版社，1991，第538页。

示，拒绝"她"者化，要求同享男"他"一样为"人"的权利。①

六　女权主义的内在困境：如何才能拒绝成为"她"者？

在近代，同类和类分使女权主义者陷入两难困境：诉诸同类，成为和男人一样的人，就会落入男人已设定的标准。诉诸差异，作一个与男性不一样的女性，意味着成为男性的"她者"。

在百年中国的女权运动历史上，寻求两性平等和解放的女权主义者们一直在平等和差异的选项中作着艰难的选择。比如，毛泽东时代以"时代不同了，男女都一样"塑造了一个去性化（unisex）的"铁姑娘"；20 世纪 80 年代的女权主义者诉诸"有性人"②——通过自然的身体——试图重新召回国家控制下的女性主体，拒绝成为以男性为标准的等同。性化的身体在 20 世纪 90 年代被消费主义不断吸收和再造。女性，原本是女权主义者集合妇女进行争取女子权利的身份基础，却日益蜕变成寻求承认和张扬个性的身份政治。

当代女权主义能否走出平等与差异的内在困境？当代女权主义者思想的想象能在多大程度上摆脱"身体"的限制？

（本文发表于《妇女研究论丛》2012 年第 6 期）

---

① 黄兴涛：《"她"字的文化史——女性新代词的发明与认同研究》，福建教育出版社，2009。

② 李小江：《性沟》，生活·读书·新知三联书店，1989。

后记：本书的缘起

本书付梓之际要特别感谢一个人，刘禾教授。本书缘于刘禾教授的命题作文。如果没有她的理论视野，她的信任、耐心和鼓励，就不会有这本书。2013 年 6 月的一天，很意外地收到刘禾教授的一封 email。她邀请我参加她在清华大学 - 哥伦比亚大学跨语际文化研究中心主持的一个研究计划，主要探讨文明等级论在 19 ~ 20 世纪的生发和传播。在最初的两封邮件中，她谈了自己的两个发现。第一，她认为女权主义在晚清中国的传播与欧美的文明等级论对康有为、梁启超、金天翮等男性知识分子施加的压力密切相关，但国内在这方面的研究似乎不足。第二，至少从 19 世纪初开始，一个国家的女性地位已被欧美社会作为文明的指标。中国人的缠足、印度人的烧寡妇等习俗被欧美人视为"半开化"社会的标志，也是中国和其他亚洲国家被归为"半开化"的重要原因之一。文明等级的这种论述，在欧美世界被反复论述了一个多世纪之久，影响之广泛，在亚洲也是如此。康有为、梁启超等人把欧美的文明优劣论内化以后，就开始考虑如何改善中国女性的地位。这些改良者的初衷并不是实现女权或平等，而是建设文明社会。换句话说，他们想通过提高女性的地位让中国进入文明国家的行列。这段历史值得反思，而晚清文明论与女性的重要关系目前是一个盲点。她询问我有无兴趣研究这段历史。随信，她附上在《中华读书报》上的三位学者的发言，告诉我浏览这三篇文章大致就能明白她为什么要反思文明等级论了。这三篇文章是刘禾、罗钢、唐晓峰三位教授在 2012 年跨语际文化研究中心召开的"文明等级论与殖民史学"会议上的发言。刘禾教授的"现代学科的政治无意识"的说法确实刺痛了我，至今仍感刺心。但当时由于身体原因我要离开北京一段时间，既无法按刘老师的步骤参加 2013 年的暑期研讨会，也无法及时展开研究，所以尽管被题目吸引，也只能遗憾婉拒。刘老师说可以等我 10 月回到北京后再开始研究，因为她希望计划出版的文集中"有女权主义思想的介入"。我很感动，也很受激励，不仅因为她的耐心和信任，而且更因为我知道只有女权主义学者才会坚持研究中的"性别视角"和"女权主义思想"的介入，这在当下中国的学界和思想界是极难得的。更重要的是，一种隐约的无以名状的研究兴致被挑起了。刘老师的设问如同点穴，点到了女权主义思想史研究中一个极重要的穴位。我当时已意识到，刘老师的追问可能已经触及女权思想史研究中的一个根本问题，这既让我不安，也让我兴奋。让我兴奋的并不是发现女权首先由男性发动，国族利用女权，这近乎老生常谈。之前我也写过一篇文章与这种观点对话，论证在观念结构中，国族与女权本身就是一个互相利用、互相成就的过程，在本书中仍想呈现这一辩证的看法。让我兴奋的是刘老师问的"为什么"。文明论与女权的关联指向了国族与女权纠结之前的"前历史"，指出国族与女权纠结的理论基础。之前近代妇女史的提问几乎都是从国族出发，国族是一切问题的出发点和问题的边界。我们从未把问题的视角拉伸到国族之前的历史，将视域拓宽到全球史。更让我兴奋的是，追随这个设问，我似乎可以打开近代妇女史曾被忽略的最前面的那部分卷轴。我担忧的是，即便发现了女权、国族与殖民话语之间的关联，如何解构？解构之后又如何建构？后殖民时代，女权将立基于何处？前景何在？

在刘禾老师"布置"命题作文之前，追根溯源的欲望曾驱使我做过一段关于"女性"和"性别"观念起源的研究，我已认识到"现代性别观念"与"现代知识"之间的关联。"女性"和性"别"观念的兴起是与生物、进化等现代"科学"知识的传入密切关联，这个观念的转变是有知识论基础的。如同"文明论"在全球的传播，是依托现代学科，以"科学"的名义传播。"知识"绝非纯真，知识建构以及知识的传播都有其政治性，不仅有殖民政治，而且有性别政治。奠基于新知识的社会观念确立之后，群体就会陷入集体无意识。"文明论"的知识如是，"女性"和性"别"的观念亦如是。在观念逻辑结构上，"女权"的观念与"女性""性别"观念具有同构性。没有新的分类观念，就不会产生把人类按性属（sex）进行分类的"男性"与"女性"的类别观念。没有类分，就不会对基于"女性"身份认同的"女权"产生要求，也无法建构"性"之别基础上的近代性别秩序。在某种意义上说，近代中国的社会转型是一种性别化的转型。为了彰显和强调中国的现代性转型是性别化的转型，本书附录了我分析"女性"和性"别"观念在近代中国的

缘起和建构的两篇旧文。儒家社会的性别秩序是嵌在父子秩序
中，且不是建立在生物性性别认识上的。要批判和解构被"自
然化"和"正当化"的现代社会秩序，需要把历史镜头推回到
建构这段现代新知识的历史阶段。刘老师追问"文明论"与
"殖民史学"之间的关联时，是质问利用现代学科在现代人头脑
中建立起来的对现代世界的理解，而女性、性别、女权是这幅现
代图景中不可分割的要素。

2013年10月底我回到北京，闭门工作，不是在国家图书馆
的古籍馆，就是窝在书桌和电脑前。由于身体原因我缺席了
2013年度跨语际文化研究中心举办的"全球史视野下的文明论
谱系"暑期研讨会，但刘老师适时地把参与这项研究计划的另
外三位教授的研究转予我，供我参考。郭松林教授关于地理教科
书的研究、梁展教授关于政治地理学人种学的研究、姜婧教授关
于世博会的研究，勾勒出西方文明论的传播过程和传播机制，为
我寻找隐于其中的性别维度提供线索，也深表谢意。

寻找资料，倾听资料的声音，努力追循其中的脉络和内在的
逻辑，这个过程中的迷失、沮丧、困惑和兴奋，是每一个研究者
都会遇到的，没什么好多说。我拿着刘禾老师给的"路牌"，最
初却不知路在何方。慢慢地，一些曾经视而不见的风景浮现出
来，在习以为常的风景中发现了不同的内涵以及与当代观念之间
未曾觉察的联结。当这些风景被重新拉进中国女权思想史的大图
景时，就可以合理解释近代社会转型后发生的一系列的观念转
变。比如，致力于创造一个新中国的男士们为什么要致力于推动
女权？男性支持的女权是一种什么样的女权？勤勉于酒食中馈、
家内劳作的传统妇女怎么成了"两万万无用之人"？即使传统社

会中多数女子不识字，但也从不缺"才女"，怎么"女子无才便是德"就成了对全体妇女知识状态的判断？既然维新男士希望女权服务于国族建设，但是"女权"毕竟首先是相对于"男权"而言的，理论和逻辑上的转化是如何实现的？女权的理论基础到底是"平等"还是"自由"？从"权利"出发的女权怎么演化出对国家的义务平等？追根溯源的过程，也有助于我们纠正一些当下的"习见"。比如，其中有一种"习见"认为国家捆绑女权是中共领导的妇女解放运动的特色，与马克思主义妇女解放理论中"阶级"对"性别"的压抑有关。但是，从对中国"女权"思想起源的探索，我们发现从西方自由主义思想源头中转化出来的中国自由主义女权思想中，就有国族主义的底色。探寻国族与女权捆绑前行的原因应回到被殖民国家反帝反殖的这一特定历史语境来考察，尽管这种反殖民主义的方式是模仿殖民的强者。更值得细细探究的是，何殷震在无政府主义视域下的"女界革命"的思想恰是在国族之外探讨妇女彻底解放的可能性，而何殷震思想的来源与马克思恩格斯基于唯物主义的妇女解放理论有着思想谱系上的关联。相比国族主义框架下的自由主义女权搁置男女间革命，何殷震的无政府主义"女界革命"的思想把性别革命放置在变革社会的重要地位，提出了"男女间革命"的要求。无政府主义"女界革命"对于资本主义经济体制和民族国家政治体制的批评，是文明论框架下自由主义女权方案所无视的，因为自由主义女权是在资本主义经济体制和民族国家的政治体制内展开的。资本主义生产方式是女子摆脱父权制家庭的机会，国家更是自由主义女权诉求的对象。这就涉及另一个"习见"，以为女权运动只有摆脱国家主义的控制获得独立性，就能使真正的妇女解放成为可能。民国初建时的妇女争取参政权运动是从女性立场出发的自由主义女权主义者试图在国族框架下寻求女性权利的运动。围绕这场妇女参政权运动爆发的争论，已是用现代知识和现代社会的视野来讨论问题，把文明论者的"女国民"（生利之人）与"国民之母"的矛盾在现代社会中彰显出来了。女性在家庭内外的双重角色问题是自由主义女权无法逃避的议题。对于这一矛盾，自由主义女权似乎无解，除了追求法律上的抽象平等权和政策上的肯定性政策（affirmative action），国家的手段用尽之后，只能诉诸社会层面的文化改造。自由主义女权理论和实践陷入了瓶颈。这个瓶颈的实质是资本主义政治－经济体制内的自由主义女权无法处理女性在现代资本主义社会中面临的结构性问题。为了展示这种结构性困境，本书在讨论晚清"女权"论述时，把历史的镜头稍稍后移了些，纳入了对民国初建时第一次妇女参政权运动的讨论。尽管民国初期，这种结构性的现实困境并未真正展开，但是理论的内在逻辑困境却展露无遗。反之，无政府主义女权以及与这条脉络密切相关的马克思主义女权开启了对另类现代性的探索，或者借用汪晖教授评论鲁迅的《破恶声论》中的观点，是"反现代的现代性"。我持着刘禾教授的"路牌"，去追寻西方文明论的性别标准进入中国的途径、方式、转化及效应，以及妇女的主体性。如刘禾教授所言，文明论进入中国的"这段历史是晚清和现代史的根本，也是中国现代化的思想资源"。性别标准作为文明论的内在组成部分，不仅是文明论在中国传播的催化剂，也是近代中国"女权话语"的缘起，更是中国现代性话语的一部分。文明论提供的现代方案深刻改变了中国女性安"身"立"命"的场所和意义。"女性"和"女权"本就是这个现代性方案的组成部分。妇女史的研究自然需要不断地去发现女性的主体性，但不能遗落对于结构性问题的追问。

当我追随着问题自身的逻辑展开时，一篇关于"西方文明论的性别标准"的论文不小心被写成了一篇五万多字的长文。在2013年的大年三十，我把初稿交给刘禾老师。她的回信充满鼓励和肯定。作为刘老师正在编辑的"文明论"论文集中的一篇论文，受字数限制，文中一些内容要删除。刘老师多次写信鼓励我把这篇论文扩展成一本小书，把删除部分放入书中。如果没有刘老师的鼓励，本书可能会止步于一篇作业。

问题意识引领研究，文明论与女权在近代中国的关联，非我之创见，不敢揽功。所以，特写下这篇后记，以资说明，并再次致谢刘禾教授。研究过程中受惠于很多前贤先进的研究，特别是夏晓虹教授、刘慧英教授对于近代女权和女报的研究，黄兴涛教授对于"文明"概念的研究，心存敬意和谢意。

另外，要感谢本书的策划和编辑，社会科学文献出版社的袁卫华和卫羚。如果没有袁卫华博士要求交稿的决断，我很难克服我的拖延症。卫羚博士对于全书文字精益求精的把握，美编蔡长海先生对于整书风格的设计，让一本小书具有了它自己的生命。当然，文责自负，文中的任何错误都由我来负责。

图书在版编目（CIP）数据

"西洋镜"里的中国与妇女：文明的性别标准和晚
清女权论述/宋少鹏著. -- 北京：社会科学文献出版
社，2016.5（2024.9 重印）
　　ISBN 978 - 7 - 5097 - 7476 - 2

Ⅰ.①西…　Ⅱ.①宋…　Ⅲ.①女权运动 - 思想史 - 研
究 - 中国 - 近代　Ⅳ.①D442.9

　　中国版本图书馆 CIP 数据核字（2015）第 094581 号

"西洋镜"里的中国与妇女：文明的性别标准和晚清女权论述

著　　者 / 宋少鹏

出 版 人 / 冀祥德
项目统筹 / 袁卫华
责任编辑 / 卫　羚　周志宽
责任印制 / 王京美

出　　版 / 社会科学文献出版社·人文分社（010）59367215
　　　　　　地址：北京市北三环中路甲 29 号院华龙大厦　邮编：100029
　　　　　　网址：www. ssap. com. cn
发　　行 / 社会科学文献出版社（010）59367028
印　　装 / 三河市东方印刷有限公司

规　　格 / 开　本：787mm × 1092mm　1/16
　　　　　　印　张：15　字　数：174 千字
版　　次 / 2016 年 5 月第 1 版　2024 年 9 月第 3 次印刷
书　　号 / ISBN 978 - 7 - 5097 - 7476 - 2
定　　价 / 79.00 元

读者服务电话：4008918866